坊主の品格

——互いが師となりて——

北島 義信

本の泉社

真宗高田派正泉寺蔵　光明本尊

《光明本尊　解説》

光明本尊は鎌倉時代後期から室町時代にかけての真宗で用いられた絵画である。畳一枚ほどの大きさの絹布に、中央に南無不可思議光如来の九字名号、向って左に南無阿弥陀仏の六字名号、右に帰命尽十方無碍光如来の十字名号を書き、三つの名号に挟まれるように向って左に阿弥陀如来像、右に釈迦如来像を描く。弥陀、釈迦の両如来像の上には、向って左にインド、中国の念仏の先徳たち、右には日本の念仏の先徳たちが描かれている。これは念仏の教えがインドから中国、日本へと空間的にひろがりながら伝来したことと、時間的にも時代を経て伝えられたことを表している。そして、中央の九字名号からは光明が放たれ、光明が大きく全体を覆っている。これは阿弥陀如来の人びとを救い取るというはたらき、すなわち摂取の光明が空間的にも時間的にも止むことなく、絶えず人びとに降りそそいでいることを示している。光明本尊は念仏の教えの伝来と教えの内容を絵で表現したものであり、真宗の教えはここにすべてが表わされている。かつては人びとの前にこの光明本尊が掛けられ、絵を示しながら教えが説かれた。人びとは豪華に描かれた絵と金色に輝く光明に如来のはたらきを感じとったのである。

真宗高田派正泉寺　住職　北島《きたじま》　恒陽《こうよう》

《多くの方々にお勧めします――真摯な求道心が著述に》

著者は広い学問的関心によって長年研究活動を持続してこられた。文字通りの学究である。しかし、その基本姿勢は単なる学問的、知的関心ではなく、人間と社会に対する深い洞察にある。

それは著者の出自に深くかかわっていると私は考える。そこが著者の原点である。人間や社会に目を注いでも、それが単なる関心に終始することがない。それは寺門に生を享け、ただ親鸞の説くところではなく、求めたものを生涯求めつづけたい、という真摯な求道心が研究、諸活動の基底にあるからである。

私は本書の魅力はここにあると考える。真摯な求道心に裏打ちされた信仰、思想の営みは多くの人々の胸底に響くものがある。私は本書を一気に読み、いい知れぬ昂奮を覚えた。その理由は、私も著者と同様に寺門に生を得て、寺に生き、僧侶の活動をしながら貧しい研究生活をしてきたからである。

しかし、これだけでは理由の解明にはならない。私が読了後におぼえた胸の高鳴りは、私も仏法者の一人として仏法を学んできた者であるが、従来の仏教論、あるいは親鸞論が、あまりにも衒学的（学をてらう）なものであることに辟易していたからである。

教義的伝統も大切である。しかし非礼を省みずに言えば、それが単なる伝統主義に陥って、何の新鮮味もリアリティもないものであるならばそれはすでにいのちを失っている。教条的な枠の中に親鸞を閉じ込めて、得々としているその教学姿勢と今日の教学の不振とは無関係ではない。このような認識は、はなはだ僭越だが著者とあまりへだたりがないと私は考えている。本書を一貫する著者の姿勢は、中世日本における「毛坊主」（世俗にあって世俗を超える者）の生き方である。

世俗は私を育て、はぐくむ場。同時に私が埋没する場でもある。ここに親鸞が「非俗」を説く精神の高みがある。親鸞はここに真の僧侶像を見た。

本書は論考、法話、問いに対する答えなどが興味深く論述されているため、肩に力を入れずにどこからでも読みすすめることができる、これが本書の魅力である。本書とのであいを慶び私は本書を一人でも多くの人々にお薦めしたい。求められるままに卒爾ながら本書推薦の筆をとらせて戴いた。お赦しいただきたいと思う。

二〇一五年九月一〇日

浄土真宗本願寺派法善寺前住職・武蔵野大学名誉教授　山崎《やまざき》　龍明《りゅうみょう》

目次

はじめに

◇現代の「毛坊主」として

現代社会では「坊主」という言葉は、否定的な意味で使われることが多い。「くそ坊主」「坊主丸儲け」「坊主憎けりゃ、袈裟まで憎し」など、枚挙にいとまがない。これらの言葉は、僧侶が民衆の願いに応えていないことの証左なのかもしれない。私は浄土真宗寺院生まれの、根っからの僧侶であり、兄も親戚もすべて真宗寺院の僧侶である。僧侶を揶揄《やゆ》する言葉が真実ならば、私だけでなく、親戚一同がみな世俗的な意味での「極悪人」ということになる。それゆえ、「坊主」と言う言葉には、大きな反発を感じる。しかし、耳を澄ませてみると、この言葉は心の耳で聞くと、私に次のように語りかけてもいるのだ。

「あなたは本当に真実の道を歩んでいますか。あなたの〝反発〟は、〝他の僧侶はおかしいかもしれないが、俺はまともだ〟という自己弁護ではありませんか。自己中心主義に陥っていることにめざめなさい」。

親鸞の思想によれば、「煩悩成就（自己中心主義のかたまり）」の「極重悪人」であることの「めざめ」こそが、人間回復の出発である。「坊主」という言葉は、私が「自己中心主義者」であることへの「めざめ」を促してくれるのだ。ここから出発し、人間回復の道筋を提起することこそが、私に与えられた使命である。これが「坊主の品格」を書くことになった縁である。

さて、「坊主」という言葉の由来から見てみたい。『岩波仏教辞典』（一九九二年）によれば、「坊主」は「房主」とも表記され、本来は「僧房のあるじ」を指す言葉であったが、のちに僧の総称となっていったようである。この「坊主」という言葉が内実を伴って出てくるのは、一五世紀後期の本願寺・蓮如の時代以降である。蓮如の書簡集『御文章』（『御文』）にも、しばしばこの言葉はもちいられ、またこの一〇〇年後、宣教師ガスパル・ヴィレラは本国ポルトガルへの書簡（一五六一年八月一七日付）で本願寺宗主を「坊主」と呼んでいる。この「坊主」という言葉が頻繁に現れ始めたのは、自治的村落共同体としての「惣《そう》村《そん》」や自治的都市共同体としての「寺内町」が西日本を中心に形成される時期（一五世紀後期）にあたる。これらの共同体の精神的紐帯は親鸞の浄土真宗であり、その「精神的指導者」は「坊主」と呼ばれていた。

これらの僧侶や末端の僧侶のなかで、民衆に直結している者の多くは、「毛坊主」と呼ばれていた。毛坊主は、「俗人」でありつつ、村で死者がでたときには、導師となって弔いをした。彼らは田畑を所有し農業に従事しつつ、学問をし、経もよみ、筆算もそなわった人物であった。それ故、人々も彼らに帰依していたのである。彼らの住まい、門構えは、寺院と異なることはなく、そのような伝統は、一五世紀末ごろから長く受け継がれていた。飛騨の例として、そんなことがらが江戸時代の『笈埃随筆《きゅうあいずいひつ》』（百井塘雨）に記述されている。（圭室諦成《たまむろたいじょう》『葬式仏教』大法輪閣、二二一頁、一九六三年）。

浄土真宗が優勢であった西日本においては、「毛坊主」という言葉はよくみられる。圭室諦成教授は、同書で次のように述べている。

「浄土真宗寺院においては、他の宗派と違って、信者である農民が毛坊主となり、その私宅を道場とし、それが寺院化するというケースが少なくなかったらしい」（前掲書、二二二頁）。

私は、三重県北部の農村地帯にある浄土真宗寺院の次男に生まれた。四〇〇年ほど昔に遡る話であるが、言い伝えによると、先祖・北條織部という名の人物は、関ヶ原の戦（一六〇〇年）で敗れ、数名の仲間とともに七〇〜八〇キロ離れた三重県北部（四日市市西部）に落ち延び、後に浄土真宗の僧侶（毛坊主）となったということである。この人物は農耕に従事しつつ、当時この地域に浸透していた浄土真宗の教えに帰依し、「毛坊主」となって道場を運営するようになったのであろう。この道場は世襲的に受け継がれ、江戸時代中期（一六九四年）には、円勝寺という寺号を得て西本願寺派の末寺となった。

浄土真宗では、妻帯して家庭を持ち、世俗生活を送りつつ宗教活動をおこなうのが、基本的生活様式となっており、それは石山戦争において、一五八〇年に本願寺が織田信長に敗北してからも変わることなく、現在に至るまで受け継がれている。これは宗祖親鸞自身、国家依存の僧侶ではなく、自立的仏教者として「非僧非俗」生活を送りつつ宗教活動をおこなっていたことによるものである。

したがって、「毛坊主」が、民衆とともに世俗生活を送りつつ、宗教活動をおこなうのは浄土真宗の基本に基づいたものである。このような生活スタイルは、出家主義の立場に立つ他宗派とは異なっている。出家主義をとらない浄土真宗が社会性をもつのは不思議ではない。

住職であった父は幼い私に、「ご門徒（浄土真宗の信者）のために生きよ」とよく語っていた。私は宗門系大学へ進学せず、大阪外国語大学インド語学科（現・大阪大学外国語学部）に入学し、現代ヒンディー文学とインド現代史を中心に学んだ。卒業後、すぐ大阪市立大学文学部文学科哲学専攻に学士入学した。その理由は、西洋近代思想の継承すべき点も本格的に学びたかったからである。その後大学院へ進学して、一九世紀ロシア文芸思想とフォイエルバッハの唯物論哲学を中心に学んだ。

しかし私は、浄土真宗の僧侶として生きることには、ためらいはなかった。それは子どものときから、自坊の法務を手伝い、ご門徒の皆さんにあたたかく育てられたからであろう。大学院修了後、縁あって、生家の近くにある真宗高田派の正泉寺に、将来の住職継職者として入寺した。住職であった義父も健在であり、私は当初は短期大学、後には同じ学校法人の四年制大学の専任教員をしつつ、僧侶として宗教活動を続けた。その間に、職場の組合の執行委員長も経験した。委員長を引き受けるにあたって、多くの仲間から、「ぜひ委員長を引き受けてほしい」という要請があったので、その理由について期待を込めて訊ねてみた。いささか自分の組合運動論に「自信」があったからだと思う。するとそのこたえは、以外にも次のようなものだった。

「あなたは、組合運動で馘首されても、寺があるから生活に困らない。妻子を抱えているわれわれは、馘首されたら、どうにもならない。だからあなたは適任者なんだ」。

私は連れ合いに、委員長を引き受けてよいのかどうか訊ねてみた。恐らく、引き受けるべきでないという答えを期待していたからであろう。ところが、そのこたえは、「引き受けたらいいと思います」であった。さらに続けてこう言った。「徹底的に闘って、華々しくクビを切られてください。そうすれば、寺の仕事に専念できますから。それが私の望みです」。

私は不思議にも、これらの言葉に納得して、すなおに委員長を引き受けることになった。それはこれらの言葉の背後に、「あなたの最終的拠り所は、有限的世俗なのですか」という仏の問いかけを聞いたからであろう。

僧侶としての活動と研究をやりつつ、楽しく組合運動を闘い続けたが、クビにもならず、定年退職するまで、働くことになってしまった。このような、宗教的生活と世俗生活を送る私のスタイルについては、家族の者も、ご門徒も肯定してくれた。恐らく、毛坊主の伝統が受け継がれていたからであろう。

私は自分を浄土真宗の基本的生活を受け継いだ、現代の「毛坊主」だとひそかに思っている。宗教理論を現実のなかで問いつつ、経典を読誦し門徒（信者）に説教をし、葬儀においては導師を勤め、地域の人びとの要求に応えて、微力ながらさまざまの社会的活動を現在も続けている。かつまたアフリカ文学・異文化論、宗教理論の研究者の「はしくれ」として、非力を省みず、海外の研究者たちともささやかながら学術交流・共同研究を深めてきた、――この姿こそ、現代版の「毛坊主」ではないかと思う。

仏教者として、とりわけ「毛坊主」としてもっとも大切なのは、現実の社会に根を張って暮し、民衆の課題に応えることである。現代の社会を見てみると、人間の生活を根本から脅かす多くのことがらが起こっている。それらは、基本的には「冷戦体制」崩壊後、アメリカを基軸にした軍事、政治、経済、文化を一体化させたグローバル支配、「世界のアメリカ化」が強まっていることによって生まれたものである。その核となるイデオロギーが新自由主義であり、その進む道は、スーザン・ジョージが指摘しているように、「現実に『自由』を享受できる人々の手中に、すなわち少数の金持ちの手中に、したがって権力をも持っている人々の手中に、さまざまな権力を集中させてしまう道」である。(スーザン・ジョージ『アメリカは、キリスト教原理主義・新保守主義に、いかに乗っ取られたのか?』作品社、三八頁、二〇〇八年)。この道筋の結果が、巨大な貧富の格差の世界的広がりであり、その路線の強行は軍事と密接に結び付き、途上国の「独裁政権」や日本の政治権力は、アメリカのこの路線と一体化する。新自由主義は、「キリスト教原理主義」と結びつき、反イスラーム的イデオロギーを露わにし、パレスチナを攻撃し続けるイスラエルに対して、アメリカは経済・軍事援助を与え続けている。また、途上国世界の民衆、とりわけ「先進国」世界における中東・南アジア出身のイスラーム教徒は、抑圧と貧困、文化的疎外感に苦しめられている。これらの人びとの一部が「過激化」するのは、不思議なことではない。このような現実に対して、貧困・抑圧問題への取り組みを重視せず、「テロとのグローバルな戦い」が主張されるのである。これは、本末転倒である。

いわゆる「イスラーム国」に象徴される、「イスラーム過激派」が台頭してきた背景には、「新自由主義」を基軸にした、政治・経済・文化の全面に渡るアメリカのグローバル支配とその同盟国の「協力」が存在する。蔓延する「圧政・貧困・格差」を根絶しない限り、「テロ」は継続する。「イスラーム国」とたたかう周辺各国への「二億ドル支援」約束や、パレスチナの不当な占領・攻撃を続けるイスラエルで、「テロには屈しない」などと阿部首相が発言したことは、日本が「テロ」の対象となることを「合理化」したことにもなる。「人道支援」は、国際的な基本原則として（1）人道原則（2）公平原則（3）中立原則（4）独立原則、があげられており、それらに沿っておこなわれねばならないのに、日本の「支援」はこの原則から大きく逸脱している。これらの一連の行為は、戦後日本が築き上げてきた「平和国家」のイメージを完全に崩壊させたといえよう。

この「平和国家」のイメージの崩壊をさらに現実的なものにしているのが、衆議院での「安保関連法案」の強行採決（二〇一五年七月一六日）である。日本政府は〝憲法9条〟を無視して、アメリカの「グローバル支配」の要請に屈辱的にこたえようとしているのである。

今日、日本が直面している世界への対応は、戦後七〇年をどう考えるのか、戦後七〇年から何を学ぶのかという課題と直結している。この課題については、「ユダヤ人大量虐殺」を直視したドイツの対応が基本的視点を与えてくれる。統一ドイツの初代大統領リヒヤルト・フォン・ワイツゼッカーが、「戦後四〇年」の節目にあたる一九八五年五月におこなった有名な演説、「荒れ野の四〇年」は、今日の日本の平和のあり方を考えるうえで大きな示唆を与えてくれる。彼はユダヤ人虐殺、近隣諸国に与えた被害から眼をそむけず、そこから重要な課題を引き出している。彼は次のように述べている。

「…あの時代を生きたそれぞれの人が、自分がどう巻き込まれていったかを今、静かに自問してほしい。…先人は重い遺産を残した。罪があってもなくても、老いも若きも、われわれすべてが過去を引き受けなければならないということだ。問題は過去を克服することではない。後になって過去を変えたり起こらなかったりすることはできない。過去に眼を閉ざす者は結局のところ現在にも盲目になる。非人間的な行為を記憶しようとしない者は、再び（非人間的な行為に）汚染される危険に陥りやすいのである。…かつて起きたことについて若者に責任はない。しかし、その後の歴史で生じたことに対しては責任がある。…若い人たちにお願いしたい。他人への敵意や憎悪に駆り立てられてはならない。対立ではなく、互いに手を取り合って生きていくことを学んでほしい」（『中日新聞』二〇一五年二月四日）。

「侵略」という過去に眼を閉ざし、過去を「書き変え」、悲惨な過去は「起こらなかったこと」にし、中国や韓国に対する「敵意や憎悪」をかきたてることを志向しているのが、安倍首相をはじめとする今日の日本の「ファシズム」勢力である。二〇〇〇万人のアジア・太平洋地域の人びと（そのなかには三一〇万の日本人も含まれる）が亡くなった、日本の侵略戦争を振り返る時、われわれは「加害者」としての側面を忘れるべきではない。人間は過ちをおかすものである。だが、加害者としての罪を認め、赦しを求めるとき、『涅槃経』のアジャセ王のように、新たな人間となって、悪を断つために命懸けの人生を歩むことができるのである。ワイツゼッカーの言葉をから学ぶべきことは、再び戦争への方向性が現れたなら、今生きているすべての人びとは「国民国家」という枠組みを超えて、互いに手をとりあって、その阻止のために立ち上がることである。その一翼を担うことが、宗教者に求められているのである。

アメリカを中心とする「グローバル支配」が強まっていることは否定できない。しかしながら、このような支配の強化に抗する民衆・市民のグローバルな連帯、「下」からの、「内」からのグローバル化も強まっている。日本・中国・韓国三国共同編集による『新しい東アジアの近現代史（上）（下）』（日本評論社二〇一三年）の発刊にみられるように、東アジア地域の文化・歴史の相互理解も始まっている。

「グローバル化」は、最近始まったものではない。キリスト教、イスラーム、仏教の歴史は文化・思想の「グローバル化」を物語っている。仏教の歴史をさかのぼれば、インドに生まれた仏教は、中国、朝鮮半島を通じて日本にもたらされ、仏教文化は人びとに生きる希望と共生の大切さを与え続けてきた。日本の文化・思想は、孤立して形成されたものではなく、インド・中国・朝鮮半島との相互関連のなかで生まれたものである。口絵に北島恒陽住職が紹介した正泉寺蔵の「光明本尊」は、「グローバル」文化としての仏教の存在を視覚的に示したものである。正泉寺は、真宗高田派に属する寺院であると同時に、朝鮮半島、中国、インドに繋がるグローバルな寺院でもあるのだ。仏教のもつ「グローバリズム」には、「均一的支配」の強制とは異なる、各地域の固有性を十分に保証しつつ普遍性が貫かれているのである。ここに、今日のアメリカを中心とする「グローバル支配」に抗するもう一つの「グローバリズム」の可能性を考えることができる。親鸞の浄土真宗は、仏教のもつ人間解放という普遍的課題を一二～一三世紀の日本における固有性を通じて展開しようとした一つの試みである。

親鸞は、一二～一三世紀の「末法・五濁」の時代に生きていた。鎌倉新仏教の祖師たちは、末法の現実をみつめ、そこから人間の生きるべき道を提起した。この時代を突き破る「仏の教え」の「現代化」を親鸞は提起し、人びとに大きな影響力を与えた。「末法」の時代は、一万年続くと言われている。だとすれば、われわれもまさに、その真っ只中に生きていることになる。今、親鸞が生きていたら、今日の社会的課題、人間解放の課題にどう応えたであろうか。自坊正泉寺の内陣の、金色に輝く厨子の扉を開いて宗祖に毎朝、合掌礼拝するたびに、「今、あなたは、仏の教えをどのように受け止め、人びとに語りかけていますか」と問われていることを感じざるを得ない。

現実を見てみると、はじめにも述べたように、「坊主」と言う言葉は、否定的な意味で使われることが多い。それは、社会・政治、弱者の苦悩には無関心で、生活の糧の対象あるいは知的興味の対象としての「宗教」にのみに専念することに満足している僧侶が多くみられるからであろう。逆の云い方をすれば、民衆のなかにいて、民衆の社会的精神的苦悩に応え、共に道を歩んでくれる僧侶が求められているのであろう。その求めに応える具体例の一つが、親鸞の示した「僧に非ず俗に非ず」という、社会のなかに身を置く「毛坊主」としての活動ではないだろうか。眼を見開き、耳をそばだてれば、そのような「毛坊主」は、多くないが、私の身の回りにも存在しているのが分かる。これらの僧侶は、精神と社会を分離することなく、仏教の基本精神に立ち返って広範な活動を誠実におこなっている。

私は出家主義仏教を否定するものではない。反原発運動や、現実生活のなかで苦悩する人びとの救済に取り組んでいる出家主義仏教僧の真摯な活動に尊敬の念を抱いている。私も、出家主義仏教の縁に遇っていれば、出家主義の僧侶となっていたかもしれない。しかし、宗派を問わず、「毛坊主」的僧侶の活動が、民衆と結びついた仏教を維持してきたのではないだろうか。

私は浄土真宗の僧侶として、十分とはいえないが、一五世紀後期以来の「毛坊主」のように、世俗に在りつつ世俗を超えようと努めている。この生き方が、根本において釈尊や親鸞が身をもって示した生き方に重なりうるのではないかというささやかな自負心がある。本書において、仏教とは何か、その現代的意義は何かを歴史的に示し、また面と向かって僧侶には訊ねにくいと思われる、仏教に対する質問とそれへの応答、私自身の宗教活動の一環としての拙い「法話」を通して、皆様が「毛坊主」としての誇りと品格、「坊主の品格」の意味するものを感じていただければ、これにまさる喜びはない。

私がこれから述べようとすることは、「絶対的真理だから、それに従え」などというつもりはない。それはあくまでも、私の問題提起にすぎない。恵心院源信は『往生要集』巻下の結びで次のように述べている。

「まさに知るべし。謗《そし》りをなすもまたこれ結縁《けちえん》なり。われもし道を得ば、願はくはかれを引摂《いんじょう》せん。かれもし道を得ば、ねがはくはわれを引摂せよ。すなはち菩提《ぼだい》に至るまで、たがひに師弟とならん。［私を非難・誹謗する者がいたら、これもまた、真実に到達するために仏から与えられた縁であります。私が正しいさとりを得るならば、その非難・誹謗者を救いたい。もし彼らが正しいさとりを得るならば、私を導き救ってほしい。真実に到達するため、お互いに師となったり弟子となったりする関係性を持とうではありませんか」」(『浄土真宗聖典』七祖篇、本願寺出版社、一一七八頁、一九九六年)。

恐れ多いことであるが、本書では私も源信と同じ立場に立たせていただいて、問題提起をおこないたい。また、読者の皆さんの批判に耳を傾け、間違っているなら私を真実へと導いていただきたい。そして共に助け合いながら真実へ向かって歩みたいと思う。

I

仏教と真の人間化の道

一　インド思想と仏教――その共通項とは何か

ヨーロッパ人旅行者は、「第三世界」と呼ばれる地域の村に息づいているもてなしの心に感動するといわれる。これは、インドについても同じである。人びとの優しさ、社会的調和の追求が基底に存在しているからであろう。インドの場合、人びとの基底にある文化思想とはいかなるものであろうか。それは、ヨーガ（さとりに向けての実践）の三つの道であり、カルマ・ヨーガ（無私・無欲の行動）、バクティ・ヨーガ（常に共感の心をもって神を崇拝すること、相互関係性を把握すること）、ジュニャーナ・ヨーガ（智慧によって解放を得ることの手立てをはかること）であり、この三つは相互に関係し、結合している。そしてジュニャーナ・ヨーガの道を歩むものは最良の人であると言われている。以下において、この三つの概念の特徴と相互関連、仏教やヒンドゥー教との関係を見てみたい。

まず、カルマ・ヨーガである。カルマ・ヨーガは仏教では、カルマ・マールガ（儀礼の道）とも呼ばれている。カルマ（カルマン）とは、本来、「行為」を意味する言葉であり、現代のヒンディー語では「カルム」「カーム」と言い、動詞は「カルナー」（英語の to doと同じ）である。また、カルマは「過去における行為の結果としての運命」、「宗教的儀式・

行為」、「犠牲や、礼拝や、苦行などによってなる宗教」（増谷文雄著『根本仏教と大乗仏教』佼正出版社、一九八九）を意味する。バクティ・ヨーガは仏教では、バクティ・マールガ（信仰の道）と呼ばれている。バクティは、「献身と愛とをもって、聖なる人格的対象に対する態度もしくは心情を指さす言葉であって、いうなれば、絶対憑依《ひょうい》の信仰をいう」（増谷文雄『根本仏教と大乗仏教』六六頁、佼成出版、一九八九年）。ジュニャーナ・ヨーガは仏教では、ジュニャーナ・マールガ（智慧の道）と呼ばれ、「開眼《かいげん》、発智《ほっち》、そして寂静《じゃくじょう》涅槃《ねはん》にいたる道」（六七頁）である。これらの三つの概念は、現代のヒンドゥー教においても共通の基本概念である（バクティは、本来「全体の一部《アング》」を意味する言葉である。したがって、相依・相互関係性という意味が生まれる。また、人間は「絶対者の一部である」［タト・トゥヴァム・アシ］ため、神への絶対的帰依が生まれる）。

以前にネパールからの留学生に、「カルマ・ヨーガ」「バクティ・ヨーガ」「ジュニャーナ・ヨーガ」の三つの概念のなかで出発点として、何が最も重要だと考えるか尋ねてみたところ、ヒンドゥー教徒である彼は、「カルマ・ヨーガ」だと答え、「見返り・報酬を求めぬ行為こそが、最も人間形成にとって重要だ」と語ってくれた。これは人間の社会活動にかかわる重要な指摘である。インドやネパールの多くのヒンドゥー教徒は、聖典『バガヴアッド・ギーター（神の歌）』に親しんでいるから、彼がそういうのも当然であろう。
紀元前一世紀ごろにつくられたといわれる『バガヴァッド・ギーター（神の歌）』では、現実逃避をおこなおうとするアルジュナに対して、ヴィシュヌ神の権化であるクリシュナは次のように言う。

「アルジュナよ、執着をすて、成功と不成功を同一のものと見て、ヨーガに立脚して、諸々の行動をせよ」（上村勝彦訳『バガヴァッド・ギーター』岩波文庫、三九頁、一九七七）。

この説得に応じて、アルジュナは敵と戦い、インドを統一する。これはカルマ・ヨーガの本質を「非執着に基づく行動」として捉えたものである。ここからガンディーは二つの非服従運動の具体的課題、すなわち、①自己中心主義的救済の放棄と社会の連帯のための行動主義、②結果にこだわらない行動、を引き出したのである。
仏教にも行動の提起は見られる。釈尊の有名な「非殺生」についてのべた有名な次の言葉にそれを見ることができる。

「すべての者は暴力におびえ、すべての者は死を恐れる。己が身をひきくらべて、殺してはならぬ。殺さしめてはならぬ」（『ダンマパダ（法句経）』第一二九偈、『ブッダの真理のことば・感興のことば』岩波文庫、二八頁、一九九八年）。

非殺生は自分が他者を殺さないことであるが、それだけにとどまらず、人が他者を殺すことを止める行為が自分に課せられていること、「殺すこと」「殺させること」を一体化させて、その両者の阻止を意味する。とりわけ、自他同一の立場に立ち、殺戮行為の傍観は許されないことに重点がある。この言葉をよく知っているその留学生は次のように言った。「殺人よりも、殺人を傍観することの方が罪深いのです。なぜなら、自他同一に基づいて『殺人』を阻止する行動を起こさないという非人間的立場に立つことになるからです」。

この言葉は、みかえりを求めることなく、他者のために行動することの根本的重要性を示している。ヒンドゥー教徒は、行動《カルマ》を重視し、この重要性を釈尊の言葉に見ている。

この際、行動だけが自己目的化していないことに注意を払う必要がある。ヒンドゥー教徒は、行動《カルマ》を自己目的とはせずに智慧、バクテイ（相互関連性、自他同一）へと繋がるものとして捉えている。では、仏教はどうであろうか。

仏教は上記三つの概念において何を最も重視しているかといえは、「ジュニャーナ・マールガ」（智慧の道）であると言われている。それは『ダンマパダ』（法句経第四〇偈）における釈尊の次の言葉に見ることができる。

「この身は水甕《みずがめ》のように脆いものだと知って、この心を城郭のように（堅固に）安立して、智慧の武器をもって、魔王と戦え。克《か》ち得たものを守れ。――しかもそれに執着することなく」（前掲書、一五頁）。

釈尊は「生・老・病・死」からの脱却を智慧に求め、その道を開いた。そもそも智慧とはどのような意味をもっているのであろうか。「智慧」という言葉は、サンスクリット語のプラジュニャー（prajñaa）の中国語訳であり、ジュニャーナ（jñaana）と同じ意味である。プラジュニャーはパーリ語では、パンニャー（paññaa）と呼ばれ、「般若《はんにゃ》」と音訳される。さて、そのプラジュニャーとは、『簡約ヒンディー語辞典《サンクシプト・ヒンディー・シャブドサーガル》』（一九五八年）によれば、「内をみること（antar-dṛṣṭi）」「内を知ること（antar-jñaana）」と説明されている。

これに対して、ヴイジュニャ（vijña）という言葉があるが、これは「自分から離れた（vi）」

ものを「知ること（jñā）」、客観的に物事を見て、そこに内在する法則を把握することを意味する。「内を見ること、知ること」は宗教を意味し、「自分から離れた客観的実在を知ること」は学問・科学を意味する。つまり「知る（jñā）」ということには自己の内を知ることと、客観的世界を知ることの二面があり、両者を分離してはならないということである。

自己を客観的に見つめることが真に成り立つためには、自己超越的存在者（自己を見るもう一人の自己の存在、宗教的に言えば自己を超えた絶対者）と「有限的・自己中心主義的」自己との相互関係性が必要となり、自己の存在は他者との相互関連性《バクティ》を抜きにして考えることは不可能である。また客観的世界を見つめることによる社会・自然の法則の追求、科学の立場に立つことによって客観的現実の認識は可能となる。客観的認識が主体的なものとなるためには、自己認識との結合が必要である。このことを通じて、「何をなすべきか」、見返りを求めぬ社会的人間的行動である「カルマ・ヨーガ」の道が開かれる。つまり、智慧から出発して、相互関連性《バクティ》、外に向かう「智」としての科学の結合により、見返りを求めぬ社会的人間的行動への欲求が生まれるのである。

「智慧」「相互関連性」「行動」という三つの概念は、一体のものであるが故に、出発点をどこにおいても同じなのである。この三つの概念の主体的把握によって現実世界を生きることによって、可能的人間が本来の人間完成へと向かうことができるのである。この点においては、ヒンドゥー教も仏教も同じであり、この認識・実践の道が仏教では「さとり」への道、仏となる道＝仏道、と呼ばれるものである。われわれは、ことさらヒンドゥー教と仏教との違いを強調する傾向があるが、むしろ両者の共通点は「空・縁起」思想にあること、すなわち、相異なるものが相互関連・相依関係にあること、自他同一・非分離性にあることに注目することが必要である。この思想は、黒田壽郎教授が『イスラームの構造』（書肆心水、二〇〇四年）で明らかにしている「等位性」「差異性」「関係性」を併せ持つイスラームの「タウヒード」概念、キリスト教の「一つの体、多くの部分」（「コリント信徒への第一の手紙」）に共通のものである。ここから、「おもいやりの心」が共通に生まれる。それゆえ、インドには現在も、多くのムスリムやキリスト教徒が存在しているのは不思議なことではない。昨年（二〇一四年）、ノーベル平和賞を受賞したパキスタンのマララ・ユスフザイ（一七歳）さんは、イスラーム、キリスト教、仏教に共通する「おもいやりの心」を次のように強調している。

「私を撃ったタリバン兵さえ憎んでいません。銃を持つ私の目前に彼が立っていたとしても、私は撃たないでしょう。それこそ私が慈悲深い預言者ムハンマド、イエス・キリスト、そしてお釈迦様から学んだ思いやりの心です」(二〇一三年七月一二日、国連本部での演説、「東京新聞」一〇月一一日)。

キリスト教、イスラームにも共通するこの「空・縁起」思想を体系化させたのが、ナーガールジュナ(龍樹、一五〇～二五〇年ごろ)であり、彼によって民衆救済と社会性を失っていた仏教は再生する。ナーガールジュナたちの仏教革新運動が初期大乗仏教を形成したのである。

二　大乗仏教に共通すること

インドでは、紀元前一世紀ごろから従来の出家者中心・僧院中心の部派仏教(特に説一切有部《せついっさいうぶ》と上座部)の教理における「出家者独善の姿勢」に対する反発から、一般の在家信者とその指導者によって、いわゆる初期「大乗仏教」が生まれる。当時の部派仏教の多くは、王族・大商人などの支配者階級の帰依・経済的援助を受け、政治・社会から切り離された僧院において、教理研究がおこなわれていたとされる。これらの研究においては、理論的精緻さは深められても、社会と結びついた他者救済の問題は重視されていなかったのである。

柏木弘雄教授は次のように述べている。

部派仏教の教理では、「煩悩を滅し尽くして自己の解脱を得ることが修行の究極目的であり、ひとたび解脱を得れば『為すべきことは為し終えた（諸作已弁）』として寂滅の涅槃に没入することが考えられていて、他者を救済するはたらきが修行の完成のための必須条件とはなっていない」（柏木弘雄『仏教思想史ノート』世界聖典刊行協会、一六三～一六四頁、一九九五年）。

これに対して、新しい仏教運動は、「他者の救済に徹することによって自らも救われる」という「利他行を教理の根幹に位置づけて積極的に説いた」ものであり、「修行中の釈尊」の真意を「さとりを求める衆生」へと拡大し開放し、釈尊の原点に回帰することを主張した。

このような仏教改革運動のなかで生まれたのが、大乗仏教と呼ばれるものである。部派仏教において最も有力であった集団は、「説一切有部《せついっさいうぶ》」である。

彼らは、一切の法（一切の存在の規範、具体的現象を成立させるもの）は実在として存在すると主張する。彼らに依れば、すべての世界は多数の構成要素から成り立っており、われわれの経験する現象は無常であるが、それを成り立たしめている諸々の法は、自己同一を保っているのである。では、「法」と現象界とはどのような関係にあるのか。たとえば、油と布によって火が燃えている場合、油と布が尽きれば、火は消えるが、次の瞬間に、火の条件がないため火の本体はあっても、未来の火は現前しないと説一切有部は考える。ここでは、現象としての火は永遠のものではなく、有限のものである。しかし、不変実体としての灯火が考えられており、二種の火が存在することになる。しかも、本体としての火をわれわれは把握できない（瓜生津隆真『龍樹――空の論理と菩薩の道』大法輪閣、一一四頁、二〇〇四年）。

この矛盾は、「火」を現象と本体に分離させ、独立の実体を普遍的存在として捉えているからである。その解決の方法は、ものごとを相互依存関係として捉え、あらゆるものは独存性をもたないという立場に立つことである。ナーガールジュナは、二分法に対して、ものごとの相互依存・相互関係性の概念として、空・縁起を次のように提起している。

「もろもろの存在が他によってあることが空性の意味である、とわれわれはいうのである。他による存在には本体（自性）はない」（『廻諍論《えじょうろん》』22）。「縁起が空性である、とあなた（仏陀）は説かれました。ものには独存性がないというのが比べるものなきあなたの獅子吼《ししく》であります」（『出世間讃』20）。［訳文は、瓜生津隆真『龍樹　空の論理と菩薩の道』大法輪閣、二〇〇四年、による］。

この世において、すべてのものは「因」と「縁」によって成り立っているが、現代語で言えば、関係性において成り立っているのであって、それ自体が実体として独立に存在しているのではない。すべてのものは、現象世界において、関係性・相互依存性において存在しているのであるから、実体として「有る」のでもなく、「無い」のでもなく、現実に存在しているものは、仮に名をつけているだけなのである。これを「仮名《けみょう》」を呼ぶ。

このようにしてすべてのものを、「空・縁起」として捉えることは、今度は「空・縁起」を実体化したり、ものごとに対する観照的態度、ものごとを静止的に捉える態度、盲目的

「現状肯定」を生み出しかねない。「空」とは、それに固守することなく「実有《じつう》（実在としての存在）」化すべきでなく、隠遁主義に陥ることなく、つねにそれを打破し前進すべきものである。空の実体化、偶像化は現実世界との断絶に繋がる。このような「空が空に停滞する」立場を超えることを意味するのが、「空亦復空《くうやくぶくう》（空もまた否定されねばならない）」という言葉である。

では「空亦復空」はどのようにしてえられるのであろうか。親鸞は『顕浄土真実教行証文類（教行信証）』の「証文類」において、次のように明快に説明している。

「菩薩が七地《しちじ》において、すべては本来空である知ると、上に向かっては求めるべき仏のさとりもなく、下に向かっては救済すべき衆生もないと考える。そして以降の仏道修行を捨てて、その境地に安住してしまおうとする。そのときに、もしすべての世界の仏がた（諸仏）がすぐれた力で励ましてくださらなければ、そのまま自分だけのさとりに閉じこもって、声聞《しょうもん》（他者救済活動を行わない人）や縁覚《えんがく》（自己中心主義的な人）と同じになってしまう。菩薩が浄土に往生して阿弥陀仏を見たてまつると、このような恐れはないであろう」（『顕浄土真実数行証文類（現代語版）』本願寺出版社、三四四〜三四五頁、二〇〇〇年)。

ここで親鸞は、「『空』に安住すること」からの脱却は、自己の観念的思弁展開によって可能となるのではなく、感覚器官の対象となる現実の具体的な人びと、社会のなかで苦悩し闘っている人びと、虫けらのように殺される人びとの声のなかに、仏の声(真実の声)を聞くことによって可能となると言っているのである。つまり、他者との媒介項、社会的実践の媒介なしには、「空亦復空《くうやくぶくう》」という「空・縁起の実践」は不可能であるということである。この視点を欠くとき、仏教はいつでも、ナーガールジュナ(龍樹)が批判した、釈尊の教えに反する「僧院仏教」にもどってしまうのである。

ナーガールジュナ(龍樹)は、日本では「八宗の祖師」と呼ばれ、日本仏教全体に通じていると言われてきた。空・縁起思想が説く「相依関係性」、「空亦復空《くうやくぶくう》」は、基本的にはすべての宗教に共通するものである。したがって、ここから逸脱したとき、仏教は人びとの願いに応える仏教ではなくなり、僧侶は、「くそ坊主」となる。だとすれば、ナーガールジュナ(龍樹)およびその学派の基本精神を現実世界のなかで具体的に展開することが「坊主の品格」の内容となるのではないだろうか。

三　「坊主」としての主体的立場

「人間候補者」である現実の人間が、本当の人間へと成長する道が「仏道」と呼ばれ、それが今日では「仏教」と呼ばれている。その道が普通の人間（民衆）に対してどのように提示され、民衆がそれをどのようにして主体的に受け止め、本当の人間となる道を歩んでいったのか、また何がその道を歩むことの障害物となっているのか、どうすればその克服が可能になるのかを日本の歴史的現実に即して見てみたい。

この問題を明らかにすることは、具体的には私自身の「信仰」「信心」をも問うことに直結する。私は抽象的な「仏教者」ではなく、真宗高田派という宗派の正泉寺に属する僧侶である。だからといって私は、決して浄土真宗教団の現在のあり方を「盲信」しているわけではない。しかし、釈尊や宗祖親鸞聖人の思想と生き方には深い尊敬の念を抱いている。

宗教を客観的な学問研究の対象とする場合、自己の信仰・信心を問うことは必要でないかもしれない。しかしながら、僧侶である私が、自己をも対象とすることなく宗教・仏教の問題を語ることは不可能である。したがって本書では、私に最もかかわりの深い、親鸞の浄土真宗の立場を基軸にして論じていくことになる。初めに述べたように、私自身、住民の八割近くが真宗門徒である地域の寺院に生まれ育った。地域における一年の行事の中心は報恩講（親鸞聖人への感謝と自己を問い直す法要）、永代経の法要であり、神事としての「祭り」ではなかった。地域共同体の人びとは、迷信を嫌い、神頼みは一切おこなわなかった。地域住民のすべてが夕方にはいつも、仏壇の前で『正信偈』を家族全員でお勤めをしていた。そのような生活のなかで育った私には、浄土真宗がしみついており、それ以外の宗教への関心は生まれなかった。また、浄土真宗は日本の仏教宗派で最大の寺院数（二八％）を占めており、西日本の真宗篤信地帯には、住民の八〇％以上が門徒である場合も、市町村レベルでは、かなり存在する。真宗門徒は、他宗派とは明らかに異なる、地域を超えた共通の「勤勉・迷信排除」の生活文化をもち、真宗門徒には連帯性と社会性が最も強くみられる。

宗教の研究には、当然のことながら、学問的客観性は必要である。しかし、その研究は何らかの自己の信心・信仰心、主体性によって媒介されなければ無意味である。それは、鎌倉新仏教とよばれる仏教を確立した法然、親鸞、道元、日蓮、がわれわれに語りかけている共通の核心である。この主体的視点をもたなければ、「学問性」が高くても、自己のさとりと民衆救済の一体性を忘却した「仏教研究」となり、仏教の基本精神から外れたものとなる。その具体例は、すでに述べたように、古くはインドの龍樹《ナーガールジュナ》（二〜三世紀に活躍）が批判の対象とした、権力に守られ、民衆救済の道を忘却した「僧院仏教」の学者たちであり、日本においては「奈良仏教」の時代における、国家イデオロギーの一翼を担う仏教学者の姿であり、明治以来の侵略戦争によって自国の多くの民衆を犠牲とし、アジア・太平洋地域の二〇〇〇万人のいのちを犠牲とした、社会的・政治的・精神的現実に、耳と口を閉ざし、西洋近代の学問手法によって「客観的学問研究」を進めた「仏教学者」の姿である。

このような「仏教学者」とは一線を画し、「さとり」と「民衆救済」を一体化させた、主体的な立場に立って、日本の仏教の歩んできた道を歴史的にたどることから始めたい。

Ⅱ

日本における仏教の歴史概観

一　基層信仰としての神祇信仰と国家

日本において、古墳時代の前半期四、五世紀ごろには、大和地方の諸豪族の連合は日本列島に君臨する大和政権国家へと成長したと言われている。この時代における政治と宗教の関係を明確に述べた著作に、義江彰夫教授の『神仏習合』（岩波新書）がある。その著作に基づいて、両者の関係を要約したい。

六世紀に入ると大和政権の地方支配は進んだ。その権力体制は宗教的権威に依拠したものであり、自己の依拠する神は、権力者たちが支配の目的を持って、地域共同体の神々を全国的規模で統一したものであった。大和政権も国家である以上、民衆を支配の下に繋ぎ止めておく精神的紐帯が必要である。各地域共同体には、結束を図るための精神的紐帯としての神祇思想とその信仰対象（鎮守産土神信仰）が基層信仰として古くから存在していた。それら各地域共同体の紐帯としての神祇思想の共通項をまとめ上げて、その上に立つ一つの支配的神を構成し、その権威に大和政権は依拠したのである。大和政権は農民から、収穫した米の一部を「お初穂」として、地方の支配者に徴収させて、それを納めさせる。徴収した「お初穂」を国家側は、祭祀を通じて自らの霊験あらたかな尊い米と混ぜて、その一部をもちかえらせ、次年度の豊作を生み出すという「徴税」システムをつくりあげていた。このような形態は、次第にうまく機能しなくなる。生産力が低い段階では、問題は生じないが、八世紀の律令体制の確立とともに、灌漑設備も改善され生産力が増加し、剰余生産物が生まれてくる。それによって米の蓄えが可能となる。地方において指導的立場にある者、指導的立場にありかつ宗教執行者である者にとっては、その剰余生産物をわがものにしたいと言う気持ちが湧いてくるのは、不思議なことではない。ところが、従来の原始共同体的傾向をもつ神祇思想は、そのような私物化を禁じている。これを乗り越えるために、彼らは「私物化」を可能ならしめる理論を内包する仏教を利用するのである。

仏教はすでに六世紀には日本に入っており、律令体制の下では、呪術力によって五穀豊穣と国家安泰をもたらすものとして位置づけられていた。かくして仏教は、国を守る異国の神として、受け入れられ多くの官寺が建設された。このように位置づけられた仏教には、土着の神祇思想と容易に融合する側面が存在していた。大乗仏教には、自らは出家しなくても、僧に帰依し、罪を犯しても悔いあらためて、供養すれば救済されるという思想がある。とりわけ、密教には現世利益、呪術的側面があり、容易に従来の神祇思想と結合しうるのである。例えば、奈良時代後半の七六三年には、桑名、美濃、尾張あたりの豪族たちのシンボルとしての多度神社には、神宮寺がつくられ、同様の現象が各地でも生まれるのである。このような神祇思想と密教の結合は、神仏習合と呼ばれる（義江彰夫著『神仏習合』岩波新書、二〇一一年）。

地方の豪族の要求に応えた神宮寺建設に先立って、国家レベルでの神宮寺設置はすでに、国家鎮護神である越前国気比《けひ》神宮の神宮寺建立（七一五年）に見ることができる。地方豪族の神宮寺建立は、神祇信仰と融合しやすい初期密教によって、剰余生産物の私物化をイデオロギー的に合理化したものである。他方、国家レベルにおいても同様に、剰余生産物の私有化は進行しており、国家の側も大乗仏教としての密教によって、神祇信仰と融合しているがゆえに、地方の神宮寺建立を否定せず、地方豪族の剰余生産物の私有を認める。国家の後ろ盾を得た地方の権力者は、国家に協力し、税の徴収に協力するようになるのである。すでに存在していた官寺・僧侶は、このような方向性とは、対立しなかった。それは次のような役割を仏教が果たしていたからである。律令体制の下では、仏教は、「天皇を頂点とする律令貴族たちの支持のもと、律令政府によって手厚く荘厳された官寺という限られた場所に住む僧侶たちによってのみ担われるもので」あり、その「僧侶たちに期待された社会的機能は、彼らの学問修行の深密さのうちに獲得された呪験力」であった。（家

永三郎監修『日本仏教史1古代編』法蔵館、一〇九頁、一九七五年)。

当時においては、仏教は律令国家体制に従属して、鎮護国家の機能を果たしていたが、同時に、原始以来の素朴な宗教意識と呪術信仰も残存していた。

八世紀中期には、仏教は三論・成実・法相・倶舎・華厳・律の六宗に整備され、法隆寺・大安寺(三論宗に付属した成実宗)、元興寺・興福寺(法相宗に付属した倶舎宗)が主流となり、おくれて東大寺(華厳宗)・唐招提寺(律宗)が現れた。

これらの寺院は、神宮寺出現の後、どのような対応をしたのであろうか。これらの寺院では、「神宮寺化の動きが生まれてくる八世紀後半から、特定の神社を勧請したり、寺域を本来治めてきた神を守護神などとする動きがひろくあらわれてくるのである」(義江彰夫著『神仏習合』岩波新書、二九頁、二〇一一年)。

東大寺の宇佐八幡宮の勧請(七四九年)、八世紀の法隆寺再建にあたっては、生駒郡龍田大社の勧請などがあげられる。地方豪族の動きを受け止めて、神祇信仰を仏教の世界に引き入れたのは、南都六宗ではなく、「雑密《ぞうみつ》」と呼ばれる初期密教であった。これは、神祇信仰の限界を「仏教化された秘儀で強化・再生させる面に力点」を置いた密教であった。「呪術と奇跡を重んじ、その力で神を仏に向かわせるとともに、神本来の霊力を強化するという独特の構造をもった仏教」(『神仏習合』七八頁)としての「雑密」は「世俗での富の蓄積や繁栄を肯定的に推進する性格を大乗仏教以上に強くもっていた」(前掲書、七八頁)のである。

八世紀後半期に顕著にみられる神宮寺建立は、権力者・支配着たちが人びとを自己の支配の下に縛りつけておくイデオロギーとしては、従来の神祇信仰ではもはや不可能となったことを示している。また、異国の神として国家鎮護のために建立された仏教官寺でも、不可能であることを示している。その不可能性を乗り越えるイデオロギーとなったのが、密教であった。しかし「この密教は、基層信仰のゆきづまりを仏教化された秘儀で強化・再生させる面に力点が置かれ、大乗仏教が達成した普遍性や抽象性は、逆に後退していった」(前掲書、七七頁)形態の密教、「雑密」とよばれる密教であった。

この「雑密」が、「大寺院や国家支配のとりまくなかで、みずからの力を維持・強化するには、普遍性をもった密教」へと体系化し発展することが求められた。それに応えたのが、空海であった。空海が打ち立てた真言密教は、「諸国神宮寺を編成するだけではなく、南都の寺々をも次々とその影響下に組み込むようになってきていた」(前掲書、八四頁)。「興福寺・元興寺・大安寺・奈良時代以来の南都六宗の寺々、あるいは、最澄によって王権・

平安京鎮護の寺として平安時代初頭に建てられた比叡山延暦寺などの大寺院も、いやおうなしに、密教を身につけなければ生き残れないと考えるようになっていくのである」（前掲書、八三頁）。

かくして、九世紀〜一〇世紀においては、「密教を究極の原理とした全宗教の包摂あるいは統合」という基本的特徴があらわれ、このような密教を基軸とした諸宗と国家政治権力との癒着、仏法（宗教勢力）と世法（世俗政治権力）が癒着し、相互に補完し合う体制が一一世紀中期には確固たるものになっていた。このような連合勢力、一〇世紀から一一世紀における仏法と世法・王法の相互関係を黒田俊雄教授は「顕密体制」と呼んでいる。（『黒田俊雄著作集』第二巻、法蔵館、一九九四年）。

二　顕密体制：神祇宗教体制から密教基軸の宗教体制の展開

興福寺、東大寺、元興寺などに代表される八世紀奈良時代の仏教は、国家に従属し、寺院は国家の一機関であり、僧尼は祈祷礼仏を仕事とする技術者と見なされていた。それゆえ、国家仏教と呼ばれている。そこには、得度・授戒権、師資相承（師から弟子へと法が正しく伝えられていくこと）という、仏教本来の「世俗権力からの独立性」は存在しない。これとは対照的に、九世紀初頭に始まる平安仏教は国家に対して、次のように主体的に対応した。

「最澄と空海という二人の開創者は、まず天台・真言両宗の開創という形で宗派の主体性をうち建て、さらに最澄は大乗円頓戒《だいじょうえんどんかい》（天台宗が用いる大乗の戒。この受戒・実践によって天台の僧としての身分と自覚が得られる）の独立、空海は真言灌頂《かんじょう》（弟子の頭頂にみずをそそぎ阿闍梨の職位を継承したことを証明する儀式）の授受という形で血脈相承の原則を貫いた。これらは…国家仏教への批判、訣別でもあったのである」（体系日本史叢書18『宗教史』川崎庸之・笠原一男編、五二頁、山川出版社、一九八六年）。

奈良仏教も平安仏教も自己の存続・安定化のために、国家や政治権力者との結びつきが大きかったことは言うまでもない。九世紀以降、東大寺、興福寺などの南都諸大寺も叡山教団天台宗も、自己の存続のために貴族化・密教化する。九世紀～一〇世紀に、古代国家を支える律令制が崩壊し始めるなかで、国家再構築の支配的イデオロギーとして密教が基軸となり、南都六宗も天台、真言宗も基本的には同一の仏教体制を構成することとなる。密教を基軸とした仏教イデオロギーの統一こそが、律令国家の支配的イデオロギーとしての神祇信仰を止揚した、あらたな支配的イデオロギーとなりえたのである。まさにこの時代は、古代律令制（奴隷制）が崩壊し、荘園制（初期封建制）がそれにかわり、それを維持する新たな国家権力体制が確立に向かう過程であった。この完成度を高めつつ「日本化」した密教を基軸とした、天台・真言、南都六宗及び全宗教を統括したイデオロギーが、顕密主義と呼ばれるものである。興福寺や、その支配下にある春日神社、比叡山延暦寺や、日吉神社、高野山金剛峰寺、東寺などの諸大寺社は単なる宗教的イデオロギー集団ではなく、現実に巨大な荘園をもち軍事力も備えた社会政治勢力でもあった。また、巨大な荘園を持っていたのは、国家権力の中心を担う藤原氏などの貴族や武士でもあった。

これら二つの宗教勢力と政治権力が互いに相補うことによって総体としての国家権力体制を維持構成していたのである。このような「顕密主義を基調とする諸宗が国家権力と癒着したかたちで宗教のあり方を固めた体制」を黒田俊雄教授は、「顕密体制」と呼んでいるのである。したがって、この時代の宗教体制はきわめて権力擁護的な政治性を帯びたものとならざるを得ず、本来の宗教が持つ人間の解放、人間の自立と連帯を促す側面は完全にそぎ落とされていた。またそれを糺そうとする批判は一切許されなかった。その理由は、「顕密体制は単なる理念的秩序でもなければ、教義上の制度でもなく、独特の社会集団と国家体制によって裏付けられた、世俗的実態さえ含む強力な体制」であったからである。(黒田俊雄『王法と仏法』法蔵館、一一頁、二〇〇一年)。

顕密体制における宗教勢力と世俗政治権力との関係を示すのが「王法仏法相依」論であり、一一世紀には「王法仏法相双ぶこと、譬へば車の両輪、鳥の二翼の如し」という言葉が現れている。この「王法仏法相依」について、黒田俊雄教授は次のように述べている。

「『王法・仏法』というときの王法とは、実際には国王(天皇)や世俗諸権門の権力と秩序、その統治をいい、仏法とは、現実の社会的・政治的勢力としての大寺院ないしその活動のことにほかならなかった。つまり、王法仏法相依とは、単に仏教が政治権力に奉仕することをいうのではなく、仏教が社会的・政治的に独自性を帯びた勢力を形成しながら国家全体の秩序の構成原理のなかに入り込んでいる政治と宗教との独特の癒着のしかたを意味していたのである。それが王法仏法相依論の現実の基盤であった」（『黒田俊雄著作集』第二巻、「顕密体制論」一八九～一九〇頁）。

どのような国家体制でも、暴力のみによって人びとを支配し続けることはできない。平安時代の国家権力が安定化するためには、自己があるべき権力として、過去の神祇信仰を含みこみつつ、それをこえる仏教（密教）によってイデオロギー的に支えられことが必要である。それゆえ、理念的には、仏法は世法（世俗政治権力）に優越するのである。

確かに、仏教において、密教が土着化しつつ神祇思想の限界を打ち破り、それを取り込みながら、新たな国家を支えるイデオロギーとなったことは注目すべき点である。また、『体系日本史叢書18　宗教史』で述べられているように、空海や最澄は「鎮護国家を標榜しながら」も、「天台・真言両宗の開創という形で宗派の主体性をうち建て」たという大きな役割は果たしたといえるが、それによって、一般の人びとに人間解放を目指す道を提示する、第一歩が日本に根付いたとは言い難い。このような、政治体制と一体化した「仏教」を人間解放の視点から捉えかえしたのが「鎌倉新仏教」であり、そのもっとも早い現れが法然・親鸞の専修念仏の思想であった。

三　親鸞における仏教

顕密体制における「仏法王法相依存」の現実を露骨に示したものが、一二〇五年に奈良興福寺の貞慶《じょうけい》が起草した「興福寺奏上」であった。ここに貫かれているのは、顕密体制を根底から破壊する思想としての、専修念仏批判である。「興福寺奏上」による専修念仏集団批判のポイントは、「国土を乱るの失」にある。これは、仏法（社会的イデオロギー的政治勢力としての大寺社）と王法（世俗的秩序・政治権力）は一体のものであり、専修念仏思想はこの関係を根本から破壊し、ひいては国家体制滅亡へと連なるというものである。専修念仏集団は当時、大きな勢力ではなく、主流となっていたのは「顕密主義仏教」であった。しかし、貞慶は専修念仏に人間の主体化と連帯の思想を読みぬき、その弾圧の必要性を国家に提起したのである。この「奏上」によって、法然・親鸞は一二〇七年、流刑に処せられた。彼らがそのような罪を受けたのは、ひとえに釈尊の基本的精神に立ち帰って、釈尊がその時代の問題と取り組んだ、その精神において、末法の時代の問題に取り組むことによって、民衆の人間解放の要求と仏教とを結合させたからであり、そのように捉えられた仏教が「顕密体制」と根本的に対立したからである。法然の浄土教思想を受け継ぎ、それを体系化したのが親鸞である。親鸞は、主著『顕浄土真実教行証文類（教行信証）』の「化身土文類」の終わりの部分、「後序（あとがき）」において、この弾圧を厳しく批判している。この批判の視点は、『顕浄土真実教行証文類（教行信証）』全体を貫いているものである。

親鸞思想の三つの特徴点

親鸞の思想の特徴は次の三点にある。第一は、「現生不退転《げんしょうふたいてん》」という思想である。これは現世、現実世界において信心を得るならば、決して迷いに転落しないという意味である。それを可能ならしめるのが、阿弥陀如来のはたらきである。阿弥陀如来とは語源的には、真如（真実）より来った「光」と「いのち」であり、色も形もない無限者という意味である。仏教では、光は自己を照らす智慧を、いのちは慈悲を象徴する。したがって阿弥陀如来とは、智慧と慈悲における無限者・絶対者を意味する。この阿弥陀如来のはたらきとしての、限りなき智慧の光に照らされることによって、今までの「私の生き方」が他者の存在を念頭に置かない自己中心主義的なものであることにめざまされ、自己が新たな主体的人間に転ぜられ、この現世において二度と迷いの人生に退転しなくなることを意味する。親鸞は『唯信抄文意《ゆいしんしょうもんい》』で次のように述べている。

「『願生彼国《がんしょうひこく》』という言葉は、〝自己主義的価値観の愚かさにめざめて、真実世界である浄土に生まれるように願いなさい〟という阿弥陀如来の呼び声を聞いて頷くという意味である。『即得往生《そくとくおうじょう》』というのは信心《めざめ》、すなわち阿弥陀如来の衆生救済の呼び声を聞き、真実にめざめ、自分がいかにエゴイズムの塊であるかの自覚が生まれたとき、自己中心主義的価値観は崩壊・死滅し、仏とともにある自己、主体的自己が新たに誕生するという意味である。そして、新たに主体的人間となった自己は、この現世において二度と迷いには転落しないのである。これが現世において、不退転の立場につくという意味である。『往生』とは『自己中心主義的価値観』が崩壊・死滅し、自己を見るもう一人の自己が生まれたこと、自己客体化が可能となったことを意味する。そのような人間は、命終われば仏となることが確定している人々の仲間入りを果たすのである。『即』というのは、この現世において、信心《めざめ》をえた、そのときという意味である」(『唯信抄文意』、『浄土真宗聖典』本願寺出版社、一九九七年、七〇三頁、口語訳は筆者による)。

親鸞の「現生不退転」は、何ものにも怯えることのない、現世における主体的人間形成

＝精神的世界と社会的世界を一体のものと捉える人間形成の思想なのである。

では、この智慧の光に照らされることによって生まれる「めざめ」は、どのようにして得られるのであろうか。それは、われわれの感覚器官の外にある「他者」によってである。

ニュートンは、リンゴが落ちるのを見て万有引力を発見したと言われる。この意味は、具体的な感覚器官の対象となるものを二重化し、リンゴが落ちるという具体的な現象のなかに、万有引力という法則を見たということである。万有引力は、「普通の眼」（普通の人びとの肉眼）には見えないが、自然科学者の眼を以てすれば可能なのである。これは自然科学のみに限定されるものではない。われわれは、「太郎」「花子」という個物において、肉眼では見ることのできない「人間」（普遍）を見ることができる。犬は自分が「ポチ」であることは知っていても、「犬」であることは知らない。したがって、音楽の耳を持つ人には、春の小川のせせらぎに、「春の小川」の旋律が聞こえるのである。これと同様に、宗教的な耳を持つ人には、「他者」の声を二重化し、そこに仏の声、「自己中心主義の愚かさにめざめよ」という呼び声を聞くことができるのである。この状態を宗教的にあらわしたのが、「智慧の光に照らされた」という実感なのである。

第二点目は、社会の最底辺におかれた人びとこそが、阿弥陀如来の救いの目当てであるという思想である。それは、『唯信抄文意』の次の言葉からも明らかである。

「『瓦や小石を黄金によく変える』という『五会法事讃』（法照禅師著）の言葉は、生きるためには殺生や騙しをしなければならない人々、すなわち獣や魚類など生き物の命を奪う狩人・漁師、作物をとるために虫を殺す農民、原価に儲けを上乗せする商人等は、小石や瓦のような救われない存在であるが、阿弥陀さまはこれらの人々こそ、黄金に変えてくれる存在、すなわち、本当の人間へと転じてくれる存在であり、この私、親鸞も『小石・つぶて』のような人々の一人、民衆の一人なのである」（前掲書、七〇八頁、口語訳は筆者）。

ここには、富も権力ももたない、社会の圧倒的多数者である民衆・庶民こそが阿弥陀如来の救いの対象であり、その多数者が等しく救われ、自己の身をそのような民衆・庶民のなかに置く親鸞の思想的立場が明確に表れている。このような人びとが絶対的拠り所を求める対象は阿弥陀如来であり、既存の社会的政治的支配者ではない。

三点目は、世俗権力相対化の思想である。親鸞は、著書『顕浄土真実教行証文類（教行信証)』の「化身土文類《けしんどもんるい》」外教釈で次のように述べている。

「『菩薩戒経《ぼさつかいきょう》』には、次のように述べられている。仏道を志す者は、世俗権力者を絶対者と考えて、それを自己の最終的拠り所としてはならない。同様に、どれだけ立派であっても、父母・親戚、鬼神（弁舌巧みな御用学者、人間を迷いと破滅へと巧みに誘う神々）を絶対者と考えて、自己の最終的拠り所としてはならない」（『浄土真宗聖典』四五四頁、口語訳は著者による）。

この「国王不礼」の思想は、仏を拠り所とした人間の生き方に対して、世俗権力が障害物（民衆弾圧）となったとき、実践的には「仏教者・真宗門徒は、自己の信心をかけて、それを拒否しなければならない」という意味になる。宗教は「心の中」だけに限定されるものではなく、社会政治批判とその行動までを含みこむものなのである。

以上から言えることは、親鸞の思想は、①人間主体化の論理、②富と権力をもたない民衆の平等性と人間主体化の対象としての民衆、③世俗国家権力の相対化の論理、である。この思想が具体的に社会運動と結合したのは、一五世紀後期であった。そしてその道筋を切り開いたのは、本願寺の蓮如であった。

四　親鸞思想と一五世紀の惣村・寺内町形成

(1) 惣村の形成

親鸞の浄土真宗が、一五世紀後期に村落共同体へ浸透するのは、次のような形態をとった。

「真宗がまず浸透していったのは、交通路（道路・水路）に沿ったり、あるいはその要衝の、宿・港・河川のデルタ地帯などで、商人・手工業者（鍛冶屋・紺屋など）の門徒化が先行し、そこから周辺農村地域へと伸びていった。そのなかで他派・他宗の僧侶(時宗など)、百姓・百姓・武士層へと教線が拡大された」(『寺内町の研究(第一巻)』法蔵館、二二七頁、一九九八年)。

小部落に門徒が生まれると、仲間の門徒を拡大して講組織をつくる。講とは真宗門徒が特定の目を決めて、道場に集まる寄合を意味し、そこは信仰を深め合う場であると同時に娯楽の場、憩いの場でもあった。

そのような寄合に皆が集まって、一緒に飲食をすることは楽しいことであるため、つい、信心の話は二の次になることが多い。親鸞が亡くなって、約一五〇年後に生まれ、本願寺「中興の祖」とされる蓮如は、「講」＝「寄合」組織を大きく発展させたが、『御文章（御文）』四帖12（一四九八年）において、講＝寄合の現実の姿に次のような苦言を呈している。

「そもそも、毎月両度の寄合の由来はなにのためぞといふに、さらに他のことにあらず。自身の往生極楽の信心獲得《しんじんぎゃくとく》のためなるがゆゑなり。…ことに近年は、いづくにも寄合のときは、ただ酒・飯・茶なんどばかりにてみな退散せり。これは仏法の本意にはしかるべからざる次第なり。…信心の有無を沙汰すべきところに、なにの所詮もなく退散せしむる条、しかるべからずおぼえはんべり。よくよく思案をめぐらすべきことなり。…［毎月、親鸞聖人のご命日である28日と法然上人のご命日である25日の二回、講は開催されているが、この目的は自己自身がどのようにしたら浄土に往生できるかの要になる信心を得るためなのである。ところが、最近ではどこでも、皆で酒を飲んだり、食事をしたり、茶を飲んだりして、それ以外の大切なことはせず、終わればそのまま退散している。本来は、信心のことを論じ合わねばならないのに、それをせずに解散するとは、本来の講の趣旨とは外れているので、よく考えなければならない」(『浄土真宗聖典』本願寺出版社、一一八三頁、一九九七年、口語訳は筆者による)。

蓮如は、講=寄合における最大の目的である信心の討議の意義について次のように述べたといわれている。

「前々住上人(蓮如)御法談以後、四五人《しごにん》の御兄弟へ仰せられ候ふ。四五人の衆寄合談合せよ、かならず五人は五人ながら意巧《いぎょう》にきくものなるあひだ、よくよく談合すべきのよし仰せられ候ふ。[蓮如上人は、お説教の後で、自分の息子たちに申された。『みんなが寄り合って、談合(話し合い)をするようにしなさい。なぜなら、かりに五人いたなら五人とも、自分に都合のいいようにお説教を聞くものだから、十分に話し合いをしなければならない』]」(『蓮如上人御一代聞書(末巻)』、『浄土真宗聖典』本願寺出版社、一二七〇頁、一九九七年、口語訳は筆者による)。

ここでは、講・寄合での話し合いは、じっくりとおこなわないと実りがないことが指摘されている。また、「愚者三人」が話し合えば、「智者一人」のもつ内容充実に到ることができるとも強調されている。蓮如はまた、人間の平等について次のように述べている。

「身分や地位には関係なく、一人一人同じ立場に立つ人については、全世界の信心の人を皆兄弟だと親鸞聖人は申しておられるのであるから、私もその言葉の通りに実践している」(『浄土真宗聖典』一二四五頁、口語訳は筆者による)。

蓮如の言葉は、平等観を精神的レベルに留めることなく、講・寄合と結びつけることによって、門徒を現実生活における平等な「兄弟」と呼んでいるのである。その絆が他力の信心なのである。他力の信心を絆にした惣村の組織化について、蓮如は次のように語ったと言われている。

「蓮如上人はよくおっしゃっておられた。〝まず村々には、浄土真宗の信心をもたせたい者が三人いる。その三人とは、精神的指導者・組織者である坊主と村の政治行政の指導者・組織者である年寄・長《おとな》である。この三人が本願寺派の信心を身に着けたなら、他の人々は、本願寺門徒になり、本願寺は栄えるであろう〟」（「栄玄聞書」、『真宗資料集成第二巻』同朋舎メディアプラン、五八八頁、二〇〇三年、口語訳は筆者による）。

村落共同体の組織と真宗門徒組織の連帯は、西日本・東海・北陸の真宗優勢地域では一五世紀中期ごろから現実に進行し、蓮如が述べているような門徒組織と村落行政組織（惣村組織）の一体化が進行したのである。

(2) 寺内町の形成

蓮如によって惣村に浸透した親鸞思想は、利害の一致する惣村の政治的指導者層と門徒集団を団結させ、他の村々とも連帯して外敵と闘うための普遍的な精神的紐帯となった。一五世紀七〇年代に生まれた寺内町も浄土真宗を紐帯とする都市共同体であった。寺内町は、自治的組織という点では惣村と共通点を持っている。しかしながら、真宗門徒組織との関係でいえば、両者は異なっていた。つまり、村落共同体の運営組織である惣村と真宗門徒組織とは、そこに強力な連帯関係が存在しても、組織的には別のものであった。これに対して、真宗寺院・道場を中核とした都市共同体の運営組織である寺内町は、真宗信心の連帯感と一体化した「精神的共同体」として、真宗信心に内包される平等観を現実世界にまで押し広げた地域社会を形成していた。そこでは、生命を脅かされることなく、営業の自由も制度的に保証されていた。

従来から寺院は、世俗権力の介入を拒否する「不入・検断検」（領主的特権）をもっていた。本願寺はこの特権獲得をめざし、時の本願寺第一〇世法主証如《しょうにょ》は、管領・摂津守細川晴元との交渉によって、一五三八年、「諸公事免除・徳政適用免除」を勝ち取った。この実現によって、大坂石山寺内町では、徳政令が適用されないことによって、債務契約破棄は不可能となり、外部の警察権力・政治権力が入らないことによる、安定した生活・経済生活が可能となった。すなわち、経済的特権と本願寺の領主権が承認されたわけである。このような、寺内町特権が「大坂並」というかたちで、他の寺内町へも適用されるようになる。

寺内町特権の責任主体は、真宗寺院であり、寺内町における真宗寺院は領主としての権力を持っていた。しかしながら、領主権力としての真宗寺院が、現実には領民の平等の実現を図っていたことは、重要である。つまり、大坂石山寺内町における都市共同体は、本願寺から一定程度独立し、町連合としての惣町（六町からなる）の指導者（年寄）による合議制で運営され、宗教的連帯に基づいて自立的問題解決の原則、非門徒の住居・営業の自由の保証が認められていたのである。

（3）一向一揆と本願寺

応仁の乱（一四六九年）以後、室町幕府、守護体制、荘園制は崩壊へと向かい、戦国大名の形成へと時代は進行する。戦国大名とは、一国あるいは数ヵ国の領域支配をおこなう地方政権であり、彼らは国人《こくじん》と呼ばれる地方の在地領主を基礎とする支配体制をつくりあげた。この戦国大名領国制度による強固な封建支配に対抗したのが、中小名主層の農民であった。中世後期における惣村では、農民は寄合をもち自らの力で生活と村を守る段階に達していた。その精神的紐帯が親鸞の思想であった。そして、その思想を「講」の活動のなかで浸透させたのが、本願寺の蓮如であった。道場に定期的に集まり、生活や信心の問題を語り合う門徒の「講」活動は、村々を団結させ、地域を超えて本願寺に収斂される。戦国大名領国制の支配の強化という現実のなかで、農民門徒がそれと闘うのは必然であった。本願寺派の優勢な地域である加賀では、一四七四年、本願寺門徒・坊主、土豪、戦国大名の被被官化の道を選ばなかった国人門徒の連合二〇万人による一向一揆は、守護富樫政親を滅ぼし、加賀一国の支配権を得て、一〇〇年近くにわたる自治を実現した。この一向一揆の勝利において、戦国大名領国制に対抗し得る本願寺（門徒）領国制の具体例を見ることができる。一向一揆は、一五七〇〜八〇年の織田信長と石山本願寺の間で闘われた「石山戦争」において、本願寺が屈服してのち、終焉を迎える。

五　近世国家における仏教の位置

一五七一年に比叡山延暦寺全山を焼打ちにし、一五八〇年に本願寺を屈服させた信長は、政治的には日本の宗教勢力の上位に立つことになった。しかしながら、彼の支配する「国家」は、武力・政治力のみによって、安定・信頼を得るものではなく、その安定・信頼をもたらす超越的イデオロギーが必要であった。そのため、彼は自ら「絶対者」になろうとしたし、後継者の秀吉も「豊国大明神」となり家康は「東照神君」となったが、それらは仏教を凌駕し得る、国家の安定化をもたらす超越的イデオロギーとはなりえなかった。なぜなら、そこには「惣村」「寺内町」に見られる、イデオロギーとしての説得力のある高度な仏教思想を超える理論体系が存在しないからである。宗教勢力に対して、軍事的・政治的勝利をおさめたことによって、近世の始まりがもたらされたが、「国家」体制の安定化は支配者が「超越者」となることだけでは、もたらされえないのである。そこで、再び仏教の利用が求められることとなる。しかしながら、政治的・軍事的に仏教勢力を支配できる位置にある世俗の政治権力は、宗教勢力を従来とは違った形態で再編成をおこなった。それは宗教的権威を内に取り込むことである。

幕藩制国家が、宗教的権威を内に取り込む方策は、支配階級と支配される民衆の中間に位置づけることであった。近世国家は、宗教勢力を政治的に支配しつつ、民衆のイデオロギー支配を宗教勢力に委任し、生活保障としての寺領を与えたり、檀家を附けることを許したのである。かくして、宗教勢力は国家支配の下にありつつも、民衆に対しては宗教活動をおこなうことが可能となるのである。

近世仏教の特徴として、檀家制度があげられる。大桑斉教授によれば、この制度は、単に幕府によって強制され、寺院側が屈服させられたものではないのである。

「それら（近世民衆の家）を檀家として把握することにおいて、近世的な寺院が成立し、ここに結ばれた寺檀関係が、幕府によって制度化されて寺檀制度になったということであり、そのとき仏教側も、統制され強制されただけではなく、むしろ積極的にこれをおしすすめたのではないかということである」（大桑斉著『寺檀の思想』教育社、一〇〜一一頁、一九七九年）。

大桑教授によれば、「檀家」とは「家を単位とするもので、特定の寺院に葬祭を依頼し、且つ特定寺院の維持に責任をもつものであるが、その家は、中世にみられるような、…大家族形態のものではなく、家長とその直系の親族によって構成される小家族形態のものを指す」（『寺檀の思想』三八頁）。

このような民衆の「家」の成立は、一七世紀後半には全国に及んだとされる。「家」の成立は、その最初の形成者を祖先とし、崇拝され寺院と結びつく。大桑教授は次のように述べている。

「田畑屋敷（高）を最初に形成した人物こそ、近世農民の家の祖先となるのであり、それが全家族共通の祖として崇拝され共通の旦那寺と結びつくとき家が全き意味で成立するのである」（前掲書、三六頁）。

この「家」は農民ばかりでなく、町人、武士においても同様である。

「…近世の家は高（田畑屋敷）を抜きにして考えられない。町人などの場合は高にあたるものは家業であろうし、武士では家禄に他ならない。近代における家の解体は、家業を失ったときに始まる。系譜の観念としての家は残っても、実体を失った家は、祖先崇拝をも希薄化していくのである」（前掲書、五六～五七頁）。

幕藩制国家における、寺檀制度、檀家制度はすべての国民が寺院の檀家になることを義務づけたものであるから、国民すべてが仏教徒となることであり、その意味では仏教は国教的なものとなった。この制度は、社会的には近世の「家」の成立に基盤を置いたものであり、単なる上からの強制のみによって形成されたものではない。この制度が確立し、葬式と過去帳による先祖の年忌法要の実施は、僧侶の生活の安定を可能にしたが、世俗権力機構の成立期（一六〇一～一六一六年）における寺院法度による本寺権限強化、中世以来保持していた特権剥奪などがおこなわれ、その後も諸宗寺院法度（一六六五年）、諸寺院条目（一六八七年）、諸宗条目（一七二二年）によって、僧侶は厳しく管理され、国民の思想監視役としての「国家公務員化」した。このため、信仰による僧侶と庶民の繋がりは希薄化する。

そのような現実がありながらも、浄土真宗篤信地域の安芸・石見（広島・島根県）では、真宗門徒の自主的な「小寄講」（講中）が生まれる。芸北・石南地方では、一八世紀中期から後期にかけての時期は、「家父長的な家が解体して小百姓経営が一般化するが、同時に貨幣経済浸透によって、階級分解が進行し、旧来の上層農民と対立する下層農民が転落の危機にさらされるようになる時期で、成立したばかりの小『家』を共同で守るために組織したのが小寄講（講中）であったと考えられる」（児玉識著『近世真宗と地域社会』法蔵館、二一六頁、二〇〇五年）。教義的には迷信、呪術を排除し平等を基軸とした弥陀一仏主義が小寄講の精神的紐帯となり、彼らの連帯・価値観に対立する問題が支配者層によって強制された場合には、その勢力と闘うこともあった。

事実、安芸北部から石見にかけての真宗篤信地域では、小寄講によって、政治権力が禁じる神棚排除運動や大麻・位牌排除運動が一八世紀後期に起きている。この神棚・位牌排除は、西中国（安芸・石見）の真宗篤信地域では、アジア・太平洋戦争前までは、頻繁に見られた現象であった。

六　近代国民国家形成と仏教：国家神道と仏教

明治維新（一八六八年）によって、近代「国民国家」をつくりあげようとした勢力は、近世「国家」と一体化した仏教の「国教」的役割を否定・排除した。にもかかわらず、「脱宗教」ではなく、天皇の神権的絶対性を掲げた理由は何か？　その理由について、安丸良夫教授は次のように述べている。

「明治維新は王政復古をスローガンとして遂行されたが、王政復古とは武家から朝廷への単なる政権移動のことではなく、神武天皇が樹立した始源の政治に帰ることであり、その内容は祭政一致だとされた。…明治維新についてのこの規定づけは、天皇の神権的絶対性を根拠づけ錯綜した利害対立を乗り越えて、近代民族国家形成のエネルギーを調達しようとする政治イデオロギー的な仕掛けとして、絶大な役割を果たした。…維新政府は、薩長と一部公家が政権を簒奪したものとして、その正当性が疑われていたから、この疑惑に対処し得る正当性を提示しなければならなかった。それは天皇の神権的絶対性以外にはありえず、その根拠づけのために国学や水戸学に由来する、さまざまの非合理性や神秘性を随伴させた国体論的イデオロギー（国体神学）が動員されたのであった」（安丸良夫著『日本近代思想体系五「宗教と国家」』岩波書店、四九〇〜四九二頁、一九八八年）。

近代国民国家が存続するためには、政治的権力だけではなく、自らの存続と正当性を保証するイデオロギーが必要であることは、言うまでもない。そのイデオロギーは世俗的側面をもちつつも、その世俗性を超越した、「絶対的」なものでなければならない。近代日本の「国民国家」形成に合致するイデオロギーは「民族主義」であった。植民地獲得を前提とする「欧米近代」路線と不可分の「国民国家」に必要なイデオロギーは、自己を絶対化した「自民族中心主義」であり、これを天皇制イデオロギーとして、神聖化・絶対化することによって、内部の対立をこえて、「国民」を巻き込むことができるのである。

西洋近代における国民国家は、「政教分離」の原則に基づく「世俗国家」である。したがって、それは「宗教」から「脱却」しなければならない。「西洋近代」以前の「国家」は、自己の権力の絶対性を保証するために、宗教を必要とした。西洋近代国民国家も、自己の絶対性を必要とした。この絶対性を裏付けるイデオロギーとして、キリスト教の「正義」

という概念を受け継いだ。子安宣邦教授は、近代国民国家と宗教の関係について、次のように述べている。

「近代ヨーロッパに成立する世俗的国民国家は政教分離の原則にしたがって宗教との相互関係を否定し、国家は世俗国家として自立する。宗教は国家と宥和し、教会は国家の体制内にあって、教会的活動は国家によって保障される。宗教的権力の介入を排除するこの世俗的国家は、しかしそれ自体としての新たな宗教性を要求するのである。かくして国民の心情的統合に成功した世俗的国家は、国民による究極的な忠誠を、すなわち身を挺しての殉教的忠誠を期待し得るような信仰共同体に似た宗教性をもつことになるのだ。この宗教性は、宗教が世俗化することに反比例するようにして国家の側に保持されていくのである。宗教性を身につけた世俗的な近代国家は、自らの栄光化と権威の持続のために祭祀典礼をもって十分に装われることになる。明治日本が立ち上げるべき国家の判例として、いわば外圧的強制として与えられたのはそのような近代的世俗国家であった」（子安宣邦『国家と祭祀』青土社、一〇七～一〇八頁、二〇〇九年）。

宗教を「排除」した近代国民国家も、自己を絶対化するためには、自己が「神」にならなければならない。しかしながら、既存の有力な宗教を持ち込むことは、自己の「近代性」に反することになる。近代日本の場合、宗教の持つ「祭祀典礼」を持ち込んだ。それによって、「宗教性を身につけた近代国家」の「栄光化と権威持続化」、「身を挺しての殉教的忠誠」が期待できるのである。明治維新に始まる日本の国民国家形成は、このような事柄の実現であり、その超越的宗教イデオロギーが「国家神道」であった。

明治維新政府はまず、幕藩体制の下で国教化していた仏教を排除した。神仏分離令（一八六八年）によって、仏教排除・神道国教化を推進したが、西日本の一〇ヵ所でおこなわれた数万人の真宗門徒の抵抗運動（一八七一～一八七三年）、神道国教化に反対する洋学者、信仰の自由を求める外圧によって、この路線は変更を余儀なくされる。一八七五年には、神道事務局が設立され、神社神道を国家の祭祀として、一般の宗教から分離し、国家宗教として特権的地位確保の方向性が強まってくる。一八七九年には、別格官幣社靖国神社が設立され、国家神道的霊魂観・慰霊観を民衆レベルへ普及・浸透がおこなわれるようになる。一八八二年には、新政府は祭祀と宗教を分離し、国家神道形成の方針を決定する。これによって、「神道」においては、祭祀に限定された宗教の「国家神道」と一般宗教の「教派神道」の二つの存在がすることになる。一八八四年には、政府は「神道・仏教・キリスト教」三教を直接統制下におき、「公認三教」の上に君臨する国家神道体制を確立する。「国家神道」は近代国民国家としての「明治国家」の単なる行政的概念として成立したものではない。明治国家の特徴は、「国家が己のうちに神祇的祭祀体系を吸収することで国家それ自体が新たな祭祀性をもって再編成された」（子安宣邦）ことにあると言える。国家神道の物的象徴施設は、菱木政晴教授の指摘するように、「それ以前の皇室神道の施設（皇居内の三殿・伊勢神宮など）や民間神道の施設の再編と転用によるものと、靖国神社に代表される新設のものとがある」（岩波ブックレット『浄土真宗の戦争責任』一八頁）。

国家神道の新設の施設としての靖国神社には、「府県単位の護国神社や市町村や地域単位の忠魂碑・地慰霊碑」が、その地方レベルの「象徴施設」として存在している。戊申戦争以来、天皇の側に立って戦死した人びとの霊を神として祀る「東京招魂社」（一八六九年）は、一八七九年に靖国神社となったが、この新設神社の「教義」が「国家神道」の教義といえるものである。この教義の特徴を、菱木教授は「聖戦教義」（自国の軍隊の行為は正しく、それに参加するのは崇高な義務である）、「英霊教義」（聖戦に参加して死ねば神になる）、「顕彰教義」（英霊を模範・手本として後につづけ）として的確に要約している（前掲書、一九〜二二頁)。

　このような近代天皇制国民国家の方向性に対して、一九四五年まで、日本の宗教界は教団・グループとして、「天理本道《ほんみち》」(一九五〇年に教団名を「ほんみち」と改称)など一部を除いて、積極的に協力・加担し、侵略戦争への道を歩んだ。浄土真宗教団において、このような侵略戦争加担の「理論」となったのは、近世における教義理解に基づく「真俗《しんぞく》二《に》諦《たい》」論である。この「真俗二諦」論は浄土真宗本願寺派においては、一八八六年に制定された「宗制」(西本願寺の憲法)の、真宗大谷派においても、同年に制定された「宗制寺法」(東本願寺の憲法)の基底をなしている概念である。親鸞自体の思想には存在しないこの「理論」の特徴は、「真諦(宗教的真理)」と「俗諦(社会的政治的真理)」をあらかじめ二分化し、「真諦」の本質となる信仰・信心とは「心の内のみに限定された世界の真実」を対象とするものである。「俗諦」とは、社会生活においては世俗権力に絶対的に従うことを意味する。この「真俗二諦」論の本質を最も明快に示しているのが、本願寺派第二〇世門主・廣如の「消息」(一八七一年)である。廣如は次のように述べている。

　「…天皇は『明治維新というすばらしい政治をしてくださり、内政としては国民を保護し、外交としてはすべての国に対峙するため、苦労なさっている。僧侶であれ俗人であれすべての天皇の政治をたすけ天皇の威力を増すようにつとめねばならない。私の宗門の僧俗は、…真俗二諦の教義どおりに、この世では天皇のよき家来となってその恩に報い、あの世では浄土に往生をとげる身になれるよう、和を大切にしてみずから行為し他に勧めなさい。それが宗祖親鸞さまの流れにつらなるものの理想である』(菱木政晴『浄土真宗の戦争責任』四六~四七頁)。

「真宗門徒は、社会生活においては、すばらしい天皇制政治権力に背くことなく、その指示に従って生き、精神生活においては心の平安を保証する信心の生活を生きよ」というのが「真俗二諦」論の本質である。仏教の側から見れば、第一義性は「真諦」にあり、仏教的真理に基づいてこそ、世俗社会は人間化する道が開かれる。世俗権力はいかに理想的であっても、永遠性、絶対性をもつことはできない。仏法(真諦)と世法(俗諦)の関係については、すでに述べたように、前者の優位性は十一世紀後期には確固たる体制となる顕密体制(宗教勢力と世俗権力との連合体制)から一五世紀ごろまで続くが、一七世紀の幕藩体制の成立を経て、東西本願寺教団は国家権力との癒着によってしだいに「体制化」する。そして一八世紀ごろには、世法に対する仏法の優位性は、現実的にも理論的にも完全に崩壊する。

親鸞には存在しない「真俗二諦」論は、親鸞の没後から本願寺が教団化する過程で、権力との政治的摩擦をさけるため生み出されたものであったが、近代天皇制確立の過程で、真宗教団の自己存立の根本的原理として位置づけられ、「俗諦」＝天皇制権力への政治的完全服従、「真諦」＝「天皇と阿弥陀如来の一体化」として捉えかえされ、日本の侵略戦争を積極的にイデオロギー面で支える役割を果たした。

このような宗教と社会の考え方は、浄土真宗教団のみならず、近代における他の多くの仏教教団、キリスト教教団にも共通に見られるものであった。

Ⅲ

現代における仏教の役割：
戦争加担への自己批判とその実践

戦後間もない時期に、鈴木大拙師は仏教の僧侶が何から始めなければならないかについて次のように述べている。

「…敗戦後、吾等《われら》は社会生活の各方面に措いて多般の革新を要求せられて居る。…戦いに負けて無条件降伏をやったのであるから、片方から何のかのと申し出るべき筋ではない。が、少し考えのあるものならば、負けるべき戦いに負けたのであるから、其の理由のどこにあるかについて、十分に反省すべきであろう。さうして此の反省から自己批判が生まれてくる。自己批判のない国民は国民としては優秀とは云はれぬ。いつも牛のように鼻頭を引きずりまわされる。自分が主人公となって、自分の行動を支配できぬものは、将来の進展性を持ち得ぬと云はなければならぬ。…今日、佛教徒は果たして自己批判の力を持って居るか、どうか。…今日の僧侶のなかに社会の師表、又は霊性的生活の体験者として、吾等の尊敬を払ひ得る人は幾人居るであらうか。衣を脱ぎすて、お寺から飛び出して、市井の一俗人となって、而かも尚その人の人間的尊貴性を発揚し得べき人がいくにん居るであらうか。戒行の点において既に吾等を指導すべきものを有《も》たず、又思想の潔さと広さとにおいて吾等に救うべきものを持たぬとすれば、僧侶存立の意義はどこにあるのか。…僧侶界の堕落に対して、世間一般のものが、殆ど風馬牛（無関係の意）であるのは何故かと云ふに、佛教そのものが全く一般人の生活から離れて居るからだと云はなくてはならぬと思ふ。…」（『リーラー（Vol.7）』八～九頁、文理閣、二〇一一年）。

鈴木大拙師の問いは、「負けるべき戦いに負けた」理由を宗教者として明らかにすることと、それを主体的にどのように受け止めて自己批判するのか問いである。その問いに応えて行動してことこそ、僧侶が社会のなかで人びとの尊敬を受けることができるという厳しい指摘である。「なぜ、戦いに負けたのか？」に対する私の答えは以下の通りである。第一に、明治以来の日本の近代化は、アジア・太平洋地域の非人間的な植民地化・侵略を基礎としたものであり、日本の「敗戦」はこれらの地域の人びとによる、人間としてまともに生きたいという願いを込めた反撃の結果である。浄土真宗教団を含めほぼすべての仏教教団は、被抑圧者の内にある「仏の呼び声」を聞くことができず、このような侵略の方向性に対し積極的に協力した。第二に、戦争協力を可能ならしめた「理論」を象徴的に示しているのが、浄土真宗教団の「真俗二諦」論である。親鸞の思想とはまったく対立する、侵略戦争合理化の考え方を教団の根本的立場としたことの誤りが、「敗戦」によって明らかにされたのである。したがって、われわれには被抑圧者の眼から日本の近代史を読みぬくことと、「真俗二諦」論の根本的誤謬を批判し、本来の仏教の道筋の実践を通じて、社会に働きかけ、自らも社会のなかで新たな人間へと成長していく姿を示さねばならない。

浄土真宗が戦争に加担した思想的根拠としての「真俗二諦」論は、精神的・宗教的世界と社会政治的世界の分割をおこない、前者に関する認識を「真諦」と呼び、後者に関する認識を「俗諦」と呼んでいる。この考え方の最大の問題点は、宗教を精神的世界のみに限定し、社会政治の問題には宗教は批判をおこなわないという点である。しかしながら、「真諦」と「俗諦」の関係は「相依相資」といわれるように、両者は「相補いあう関係」でなければならないとされる。実際に、この関係を実現するためには、どちらか一方が他方に迎合するか、他方を必要不可欠のものとして利用するかのいずれかである。すでに述べたように、東西本願寺教団は「真俗二諦」論を、教団の憲法にあたる「宗憲」(真宗大谷派)、「宗制」(浄土真宗本願寺派)において、浄土真宗の教えの中心として明記した。親鸞には存在しない「真俗二諦」論を浄土真宗の教えの要とする限り、天皇(天皇に体現される国家)と阿弥陀仏の一体化、天皇制への屈服の方向は必然である。現実に、かつて真宗学者は、「真宗の信仰もまた、その信仰を挙げて天皇に帰一し奉るのである」（普賢大円『真宗の護国性』明治書院、一九四三年）と述べたり、「何卒力つよく念仏しながら、大君のために、祖国のために、聖戦の白道を、一心をこめて突撃してください」（梅原真隆『興亜精神と仏教』浄土真宗本願寺派本願寺教務部、一九三九年）と述べたりしているのである。まさに、天皇制ファシズムへの屈服合理化と協力の理論が近代の「真俗二諦」論であった。「真俗二諦」論における「真諦」は最終的には、阿弥陀仏と天皇を一体化させることによって、完全にその宗教的存在意義を失い、「俗諦」のみになる。その実体は「靖国仏教」である。

日本の宗教教団が戦争協力の自己批判・責任告白をおこなったのは、「一九六七年の日本基督教団が最初で、仏教教団では、それから二〇年ほど遅れて浄土真宗の二つの教団（本願寺派は一九九一年二月、真宗大谷派は一九九〇年四月）がおこない、曹洞宗（一九九二年一一月）がこれに続いた」（『浄土真宗の戦争責任』三頁）。侵略戦争協力の自己批判・責任告白は、行動を伴うものでなければ無意味である。この具体例を、能登反原発運動と反靖国運動に見ることができる。

一　能登反原発運動と浄土真宗

能登半島は一五世紀以来、浄土真宗が根付いている地域であり、住民の七五％が真宗門徒であるといわれている。また一五世紀末には、守護畠山義統を打倒して門徒領国制を生み出そうとした一向一揆が起きている。能登半島の先端に位置する珠洲市では、一九七五年に市と市議会が原発誘致を決定し、関西電力と中部電力が一〇〇万キロワット級の原発を二基ずつ、合計四基の建設を計画した。しかし、一九八九年、関西電力は「南無阿弥陀仏」の旗を立てて現地で闘う民衆の原発反対運動のなかで、立地調査を中断せざるを得なかった。その後も、闘いは続き、二〇〇三年一一月には北陸・中部・関西の三電力会社の原発計画を凍結させた。

この運動の中心には「真宗大谷派能登反原発の会」があり、この組織の果たした役割は大きい。珠洲市の市民の三分の二以上が真宗大谷派の門徒であり、僧侶への信頼は篤いといわれている。「真宗大谷派能登原発反対の会」の運動の原点は、戦争協力の罪の懺悔をどのように具体化するのかというところにある。これは「真俗二諦」論を運動のなかで克服することと結合している。この運動の指導的役割を果たした長田浩昭師は、戦争協力の思想的根拠としての「真俗二諦」論は今日も生き続けており、「国策」としての原発立地を批判の対象とする姿勢は生まれないことを、次のように述べている。

「『真俗二諦論』と言われているものがあります。…『真諦』というのは世俗的・現実的領域を指します。分かりやすい言葉で言えば、『二元論』と受け止めていただいて結構です。宗教的な問題と現実の生活を別々に分けたわけです。そしてその別々に、各々真理を立てました。そうすると、宗教問題は心の問題なんだ、現実の問題は現実の問題だとしたときに、…満州開拓ということが『国策』だといわれれば、満州開拓へ行くことが真宗門徒の使命だと語ることができるのです。…さらに問題になるのは、そういう教え（真俗二諦論）を私たちの体系的な教義としたということです。…体系的な教義にしたということは、明らかにそういう意思をもって、その教えを語ったということです。つまり、現代社会の課題と切り離して宗教的な問題があるんだとしたということは、どのような方向であろうが、国の進む方向に従っていくということを、教団として宣言したということに等しいのです。…そして戦後五〇年がたちました。さすがに、戦争に行ってアジアの人々を踏みつけろという、そんな教えを語る人

はいなくなりました。また『原発を立地しなさい』ということを教えにするというこ
とはありませんが、宗教的な問題と現実の生活というものを明確に分けるというその
基本構造は、五〇年たった今でも、まったく変わってはいません」(『「国策＝核燃焼
サイクル」を問う――今、宗教者として』一九頁、原子力行政を問い直す宗教者の会、
一九九六年)。

かつての天皇制の下で、日清戦争からアジア・太平洋戦争までの侵略戦争が「国策」で
あったように、「原発立地」も国策である。「原発」についても「戦争」についても、国家
は国民の批判に一切耳を貸さない。それは共に、「国是」であるからだ。ここに世俗のも
のである国家権力の「絶対性」を読み取ることができる。「真俗二諦」論において、「俗諦」
には、「国家権力は絶対正しい」とする「信仰」と「国家権力は絶大な力を持っているか
ら抵抗できない」という「信仰」の一体化がある。これは、浄土真宗の根本思想からの逸
脱である。親鸞は『顕浄土真実教行証文類(教行信証)』の「化身土文類」において、「出
家の人(仏の教えに導かれて自己解放をめざして生きようとする者)の法は、国王に向か
ひて礼拝せず、父母に向かひて礼拝せず、六親に務《つか》へず、鬼神を礼せず」と述べているよ

うに、礼拝対象は世俗権力ではなく、仏であると述べており、世俗権力を宗教的礼拝の対象・最終的拠り所とはしていない。「世俗」を絶対化することによって、信仰・信心はまったく無意味なものとなる。

戦争加担の罪を認め、それを告白することは、同じようなことが起きた場合、命をかけてそれを阻止することの決意と行動を示すことを意味する。能登半島珠洲市の真宗大谷派の僧侶・門徒たちは、かつての一連の侵略戦争と原発立地の共通項を見抜いたが故に、立ち上がったのである。それは、侵略戦争協力に対する回心懺悔の行動でもある。

浄土真宗における回心懺悔をどのように捉えるべきであろうか。この課題については、親鸞の『顕浄土真実教行証文類』の「信文類」に述べられている阿闍世《アジャセ》の回心懺悔を明らかにすることが必要である。ここでは、父親・頻婆娑羅《ビンバシャラ》王を殺害させた阿闍世《アジャセ》が、釈尊の説法を聞いて真実にめざめる過程が述べられている。阿闍世《アジャセ》は釈尊に次のように述べている。

「世尊（お釈迦さま）、われ世間を見るに、伊蘭子《いらんし》（紅く美しい花をつけるが悪臭を放つ種）より伊蘭樹を生ず、伊蘭より栴檀樹《せんだんじゅ》（香木）を生ずるをば見ず。われいまはじめて伊蘭子より栴檀樹を生ずるを見る。伊蘭子はわが身これなり。栴檀樹はすなはちこれわが心、無根の信（他力回向の信心）なり。無根とは、われはじめて如来を恭《く》敬《ぎょう》（自らをへりくだり、他を敬うこと）せんことを知らず、法・僧を信ぜず、これを無根と名づく。…われいま仏を見たてまつる。これをもって仏の得たまふところの功徳を見たてまつり、衆生の煩悩悪心《ぼんのうあくしん》を破壊《はえ》せしむ」（『浄土真宗聖典』本願寺出版社、二八六～二八七頁、二〇〇七年）。

阿闍世《アジャセ》は、父親殺しに対して深い心の傷を負っていたが、周りにいる家臣たちは、「世俗権力者は敵を殺しても咎められない」、「人間は死すべきものであるから、殺害は罪にならない」など、政治学的・哲学的視点から殺害の合法化をアジャセに語る。しかし、そのような話を聞いても、アジャセの心は晴れない。そのような状態にいる時、アジャセに殺害された父親・頻婆娑羅《ビンバシャラ》王は、アジャセに釈尊のもとへ行くことを勧める。アジャセは御殿医師・耆婆《ギバ》（サンスクリット語ではジーバカ）に付き添われて、釈尊のもとへ赴き、説教を聞くのである。その説教を聞いたアジャセの言葉が、右記の回心懺悔である。

現代においても、兵士となって戦争に加担すれば、他者を殺害することからは逃れることはできない。帰還兵が心に傷を負い、新たな他者殺害や自死に赴くこともまれではない。戦闘中の行為が、法的・哲学的に合法化されても、殺害を犯した当事者は、それによって心の傷から立ち直ることはできない。アジャセの状況はまさにそれを示している。アジャセに対して「釈尊のもとへ行け」と勧めた父親・ビンバシャラ王の言葉は、殺害された「他者」の真実の願い、アジャセに「本当の人間になってほしい」という仏の言葉である。その言葉を聞いたアジャセは心を揺り動かされるが、自ら釈尊のもとへ赴くことはできない。彼は御殿医師ギバに付き添ってもらうことによって、ようやく釈尊のもとへ行くことができたのである。アジャセは、自分の心の傷をもち、何とかそこから救われたいという願望をもっていた。しかし、それを自己の力では解決できなかった。それを解決へと向かわせたのは、「他者」としてのビンバシャラ王において二重化された仏の声であった。さらに、釈尊のもとに赴くにあたっても、彼は自己の力では不可能であり、ギバの助力、ギバにおいて二重化された仏の助力なしには不可能であった。そして人間釈尊のなかに仏の声を聞いたがゆえに、回心懺悔が可能になったのである。

人間は自己の苦悩を直視し、その苦悩を合理化せず持ち続け、その苦悩を超えたいという願いを持ち続けるとき、具体的な他者において仏の呼び声を聞くことができるのである。

この声に従うことができるのは、超越的世界に存在する真如（真実）が時空間を突き破り、具体的姿を取って目の前に現れるからなのである。自己を取り巻く家臣の言葉には、納得できなかったアジャセがはじめて納得できたのは、時空間を超えた真実世界の声、仏の呼び声を、他者を二重化することによって聞くことができたからなのである。かくして真実にめざめたアジャセには、自己を誤らせてきたものは何であったかが明確となり、「人々の『煩悩悪心』、人々の自己中心主義という悪心を破壊する行動を行う」という宣言をする。真実にめざめた人は、ものごとの見方が変わり、人びとを真実の道へ、救いの道へと導く行動に立ち上がる。アジャセは、釈尊にさらに次のように述べる。

「世尊、もしわれあきらかによく衆生のもろもろの悪心を破壊《はえ》せば、われつねに阿鼻《あび》地獄《じごく》にありて、無量劫《むりょうこう》のうちに（永遠に）もろもろの衆生のために苦悩を受けしむとも、もって苦とせず」（『浄土真宗聖典』二八七頁）。

回心懺悔に基づく「悪心破壊」の行動に対する攻撃は、熾烈で長く続くものであることを覚悟しなければならない。アジャセはそれにひるむことなく、「衆生の悪心破壊」の道を実践することによって、国中の数えきれない人びとに真実心を起こさせたのである。（「摩伽多国《まかだこく》の無量の人民《にんみん》、ことごとく阿耨多羅《あのくたら》三親三《さんみゃくさん》菩提心《ぼだいしん》（このうえない、ほとけのさとり）を起こしき」二八七頁）。

そして、アジャセは御殿医師・ギバに次のように自己の喜びを語る。

「私は、現世において、この命を終えていないのに、聖者の身となった。肉体的な有限の命を超えた、真実のいのちをこの現在においてえることができた。そして無数の人々にこのうえない真実心を起こさせた」（「耆婆《ギバ》、われいまだ死せずしてすでに天身《てんしん》（聖者の身）を得たり。命短《いのちみじか》きを捨て長命《じょうみょう》を得《え》、無常の身を捨てて常身を得たり。もろもろの衆生をして阿耨多羅三親三菩提心を発《ほっ》せしむ」前掲書、二八七頁）。

このようにして、アジャセは自己客体化をはかり、他者救済の活動を経て、肉体的命を終えることなく、新たな人間となることができたのである。これを浄土真宗では、「現生正定聚《げんしょうしょうじょうじゅ》（命終われば仏となることができることが定まった人びとの仲間に入ること）」、「即得往生（信心を得たそのとき、この現世において自己中心主義的価値観が崩壊し、命終われば仏となることが確定すること)」というのである。

能登半島石川県珠洲市の反原発運動は、アジャセの回心懺悔の現代化であり、この運動によって「真俗二諦」は克服されるのである。この反原発運動は、非暴力運動であることも重視しなければならない。それはこの運動のなかで、原発立地の「可能性調査」にやってきた作業員に、一人の老人は合掌しながら次のように語ったことからも理解できる。

「ありがとう。ほんとうにありがとう。あんたらに本当に感謝しとる。あんたらが原発の問題をもってきたおかげで、わしはここに大事な宝があることを忘れとったことに気がついた。自分を育ててくれたこの海と山や。この宝をそのまま子や孫に渡すことがわしの仕事やった。もう十分やから、どうぞお帰りください」(真宗ブックレットNo.9『いのちを奪う原発』一七～一八頁、真宗大谷派宗務所出版部、二〇〇二年)。

この老人が、原発推進勢力の象徴である「作業員」に合掌したということは、この作業員に仏を見たということである。親鸞は、『顕浄土真実教行証文類』の序文(総序)において、次のように述べている。

「浄邦縁熟して、調達《ジョウダツ》（提婆達多《ダイバダッタ》）、闍世《ジャセ》（阿闍世《アジャセ》）をして逆害を興ぜしむ。浄業機彰《あらわ》れて（浄土往生の念仏を修めるのにふさわしい人物が現れて）、釈迦、韋提《いだい》（アジャセの母であるイダイケ）をして安養《あんにょう》（浄土）を選ばしめたまへり」（『浄土真宗聖典』一三一頁）。

アジャセの母親は、悪逆の息子を通して、浄土を選んだのであるが、日ごろから親鸞の説く念仏に親しんでいるこの老人には、「悪逆」の「作業員」は「アジャセ」をそそのかせた「ダイバダッタ」であることがわかり、その人物は真実へと人びとを導く「方便」であることに気付いたのである。「作業員」は実は仏であり、「悪役」を演じているのである。だから、作業員に合掌したのである。このような「めざめ」こそ、現実を変える力になるのである。

「真俗二諦」の克服は、反原発運動だけに限定されるものではない。浄土真宗にとってどうしても乗り越えなければならないのは、靖国問題である。なぜなら、「靖国神社」は、国家神道の象徴的存在であり、今なおその役割を果たし続けているからである。「世俗権力」「国家」の絶対性を掲げ、すべての宗教の上にそびえたつ「靖国信仰」の根本的批判は、「真俗二諦」論の克服と一体化したものである。

二　靖国問題と浄土真宗

近代真宗教団の「自己中心主義」は「真俗二諦」論によって支えられる。この「理論」によって、「真諦」、すなわち仏法・信心は、社会とのつながりや、政治との緊張関係を欠いた、心の中だけに限定されたものとなり、現実世界においては世法、すなわち天皇制国家の侵略戦争路線、に無批判に従うことが「俗諦」として要求される。現実には「真諦」は「俗諦」に従属し、阿弥陀仏は天皇と一体化することによって、人びとは喜んで侵略戦争に身を捧げるのである。かくして、「浄土」に往生することと、神として「靖国」に祀られることは矛盾なく、一体化する。

「真俗二諦」の行き着く先は、「阿弥陀如来」と「天皇」の一体化による、「俗諦」の「真諦」化である。この一体化によって、「天皇制国家」のおこなう侵略戦争は「宗教的」に絶対的に正しいという結論が出てくる。その結果、侵略に抗する人びとは「害虫」「猛獣」として、殲滅の対象となる。また、侵略戦争への協力・加担によって、兵士として戦死・

餓死したり、多くの非戦闘員が空襲・原爆投下による犠牲者となっても、「天皇制国家」そのものに疑問を感じたり、批判することは生じない。日本の侵略戦争によって、アジア・太平洋地域の二〇〇〇万の人びとが犠牲者となったという事実を知っても、懺悔は起こりえない。また真宗門徒のなかに、戦争に対する疑問や批判が生じても、それを支え深める真宗教義は存在せず、そのような教義を説く僧侶・教学者は集団としては、存在しなかった。これとは逆に、幕末維新期に生まれた新宗教には、天皇制を公然と批判する集団が当時、存在した。その一つである「天理本道《ほんみち》（一九五〇年に教団名を「ほんみち」と改称）」は、天理教教学を状況化した「研究資料」によって、弾圧を恐れることなく、「公然と天皇の神格を否定し、…天皇には日本統治の資格はなく、天皇は神の立腹によって返報をうける」（村上重良『ほんみち不敬事件』講談社、一七五頁、一九七四年）と主張し、一貫して戦勝祈願をしなかった。このような弾圧に屈せず、自己の宗教的信念を貫く信仰集団が存在しているという事実を前にして、親鸞思想の再検討によって、宗教者として「これでいいのか」と自己を問うことができなかった真宗僧侶・教団の責任は大きい。

本来、侵略戦争の基本的責任は日本の天皇制国家権力者たちにあるが、それに抗しなかった圧倒的多数の国民にも、主体者としての責任があることは否定できない。その責任は、倫理的に戦後生まれの世代にも「親の残した借金」のように受け継がれ、その「支払」が倫理的・宗教的に要求される。このような「倫理的・宗教的」な「借金」を返済することは、歴史的過去・侵略された側の「声なき声」を聞き、東アジアの平和実現に取り組むことを意味する。その際必要なことは、戦争における「加害者」「被害者」の二面を分離することなく考え、行動することである。そのためには、社会科学的視点と同時に、自己を客体化する宗教的視点・ヒューマニズムの視点が必要である。

日本はドイツに比べて、戦争責任の受け止め方が弱いと言われる。それは、近代日本の歴史を東アジアのなかに位置づけ、日本の近代化とはこの地域における帝国主義形成にほかならなかったこと、欧米近代国民国家がおこなったことの「アジア版」であったことを理解することが徹底的になされておらず、それを促す主体的な宗教意識に根本的な弱点があったからである。この克服のためには、明治期以来のすべての戦争の克明な事実の調査発掘と同時に、帝国主義形成と表裏一体の国家神道批判が徹底されねばならない。その批判の象徴が、靖国神社の存在である。戦後、宗教法人として「再生」したこの神社は、菱木教授の指摘する三つの「教義」、すなわち「聖戦教義」「英霊教義」「顕彰教義」をいまだに保持している。

人びとを戦争に駆り立て、アジア・太平洋地域侵略のイデオロギー的役割を果たしてきた国家神道体制は、一九四五年一二月の「神道指令」で解体され、一九四六年に公布された憲法二〇条では、政教分離が定められ、憲法第九条では戦争放棄が宣言されている。戦後、国家神道体制は解体され、「大日本帝国憲法」の否定の上に、「日本国憲法」が一九四六年一一月に公布されたにもかかわらず、国家神道の根本的宗教施設である靖国神社は、存続しているばかりか、再び戦争へと人びとを導く役割を果たし続けている。したがって、真宗僧侶・門徒にとって、戦争協力を合理化する「真俗二諦」論を克服し、浄土真宗を人間解放の宗教にしていくためには、靖国問題に正面から向き合うことが求められている。これは他の宗教においても同じである。

靖国神社が戦後大きな問題になったのは、高度経済成長期において、戦争責任を含めて侵略の歴史を忘却し、防衛力が増大してくる一九六〇年代のことであった。一九六九年六月三〇日に、自民党は「靖国神社法案」を第六一国会に初提出した。

この法案の目的は、田中伸尚氏によれば、「靖国神社を別法人にして内閣総理大臣が管轄するというところにあった」が、その内容は「『国・天皇のために』戦没した人々を神として称える、『英霊顕彰』という靖国神社の持つ国家的イデオロギーの核心が貫徹されていたのである」(『靖国の戦後史』岩波新書、一〇一～一〇二頁、二〇〇七年)。

それは、自民党の法案の第一条に、次のように明確に述べられている。

「靖国神社は、戦没者及び国事に殉じた人人の英霊に対する国民の尊敬の念を表すため、その遺徳をしのび、これを慰め、その事績をたたえる儀式行事等を行い、もってその偉業を永遠に伝えることを目的とする」(『靖国の戦後史』一〇二頁)。

ここには、明治維新以来の日本の侵略戦争に対する反省はなく、菱木教授が『浄土真宗の戦争責任』で述べているように、その戦いは正当であるという前提があるため、その戦闘に参加させられ、戦死した人びとは英霊＝神となって祀られ、英霊として称賛される。その事績は儀式行事(国家神道の本質となる宗教儀式)によって称えられ、顕彰され、その偉業を永遠に伝える訳であるから、その英霊を見習ってそれに続くことを人びとに強制することになる。ここに国家神道のイデオロギーの復活を見ることができる。

この靖国神社法案が一九六九年六月三〇日に国会に提出される以前の一九六八年には、全日本仏教会、新日本宗教団体連合会は法案反対の声明をおこなった。一九六九年二月には、浄土真宗本願寺宗会は全会一致で、靖国神社国家護持反対決議をおこない、三月には本願寺派総長、真宗大谷派総長は、国家護持法案反対の意思を政府に表明し、要請をおこなった。一九六九年には、全国三〇数箇所で、靖国法案反対の集会が開かれている。この法案は、一九六九年八月五日に廃案となるが、以後、一九七〇年、一九七一年、一九七二年、一九七三年の合計五回に渡り、執拗に提案された。しかし、いずれも廃案となっている。一九七一年には、真宗一〇派（浄土真宗本願寺派、真宗大谷派、真宗高田派、真宗仏光寺派、真宗興正派、真宗木辺派、真宗出雲路派、真宗山元派、真宗誠照寺派、真宗三門徒派）で構成される真宗教団連合は、靖国神社法案反対要請を継続している。自民党は、国民の批判が強まるなかで、一九七五年に法制化を断念するに至る。

靖国推進派は、靖国法案の「挫折」後、戦略を「公式参拝」路線へと変更し、この積み重ねによって、最終的には靖国国家護持を実現しようとしたのである（田中伸尚『靖国の戦後史』）。今日も続けられている国会議員の集団的参拝も、この路線と無関係ではない。「公式参拝」は、戦前の「皇族」や「公の身分を有する者がその身分をもって参拝する場合」の「正式参拝」を継承し、言い換えたものである。戦前には、この「正式参拝」は、一般の参拝とは区別されていた。両者を区別するのは「参拝する際の地位・身分」である。

これを徹底したのが、一九八五年八月一五日におこなわれた中曽根首相の「公式参拝」であった。中曽根首相は、「首相としての資格において参拝した」こと、「玉串料・供花料の実費を公費で支出した」ことを記者団に語った。中曽根首相の「公式参拝」は、植民地支配・侵略戦争を肯定する「戦後政治の総決算」という政治的・思想的背景のもとでおこなわれたものであった。その意図は、一九八五年七月に開催された「軽井沢セミナー」での講演に現れている。中曽根首相は次のように述べている。

「…どの国家にせよ、米国にはアーリントンがあり、ソ連に行っても、無名戦士の墓であるとか、国のために倒れた人に対して国民が感謝を捧げる場所がある。当然のことである。さもなくして、誰が国に命を捧げるか。そういうことも考えて、しかも憲法上、違反にならないように、言い換えれば、政教分離、宗教と政治の分離の問題にさわらないように注意して（靖国問題）を解決しなければならないと思っている」（岩波ブックレット『浄土真宗の戦争責任』二八頁、一九九三年）。

中曽根首相は、近代国民国家には批判をゆるさぬ「神的絶対性」、それに対して命を差し出す「神的絶対性」が必要であり、日本においては国家の絶対性を支える存在が「靖国神社」であると述べているのである。その具体的一歩として、「公式参拝」に踏み出したのである。中曽根首相の「公式参拝」には、自民党を除くすべての政党から、抗議・遺憾の声明などが出され、また「宗教界では、全日本仏教会、真宗教団連合、日本キリスト教協議会、日本カトリック司教協議会、日本バプテスト連盟、日本新宗教教団連合会などから、抗議、反対、要望等が出された。それらの内容は様々であるが『公式参拝』は日本国憲法に違反するので反対である、との趣旨は一致していた」（小泉首相靖国神社参拝違憲九州・山口訴訟団編『参拝したら違憲』明石書店、一九七頁、二〇〇四年）。

またこの「公式参拝」に対して、複数の地裁へ参拝を違憲として損害賠償訴訟が提起され、大阪高等裁判所の控訴審では「同参拝は憲法二〇条三項規定の宗教活動に該当する疑いが強く、同条項に違反する疑いある旨判示した」（前掲書、一九七頁）のである。中曽根首相の靖国公式参拝を契機に、浄土真宗本願寺派のなかでは、一九八四年に結成された「反靖国連帯会議」が本格的に活動をおこない、同派の僧侶・菅原龍憲氏は、一九八六年一月に、「真宗遺族会」を結成した。

田中伸尚氏によれば、靖国問題の大きな節目は三つある。一つ目は、靖国神社法案をめぐる闘い（一九六九～一九七五年）であり、二つ目は一九八五年の中曽根首相の靖国「公式参拝」である。三つ目は、二〇〇一年夏の小泉首相の靖国参拝である。小泉首相の靖国参拝は、すでに一九九一年一月の「首相の公式参拝は違憲」とする仙台高裁の判断、および一九九二年七月の大阪高裁の判断を無視していること、アジア各国から繰り返し起こっている反発を無視していることである。（田中伸尚『靖国の戦後史』「はじめに」岩波新書）。

小泉首相の靖国参拝に対して、「二〇〇二年九月までに、在日外国人や在韓・在米の戦没者遺族らを含めた約二〇〇〇人が、国・小泉首相・靖国神社らを被告として全国六ヶ所の裁判所に、『小泉首相靖国参拝違憲訴訟』を起こした。『靖国問題』で、民衆が『国民』の境界を超えて、共同原告として違憲訴訟を起こしたのは例がない」（『靖国の戦後史』一九九頁）。原告には、戦後生まれもいた。外海卓也師は一九五五年生まれの浄土真宗の僧侶であり、次のような陳述書を提出している。

「（お釈迦さまは）全ての命が生きられる平和の実現、各自の心の平和（安心）の確立の道を歩むのが仏教徒と説かれている。しかし、本願寺教団も積極的に戦争に加担したことを学んだ。私は仏教の精神に帰ろうと聞法伝道を続けており、秋の彼岸会に全戦没者追悼法要を勤めている。被告小泉の靖国参拝は、そのような私の努力を侮辱し妨害するものだ。仏教の平和精神を貶めるだけでなく、仏道を生きようとする私の信心も傷つけた」（『参拝したら違憲』一二六頁）。

また、原告の浄土真宗本願寺派大法寺住職・大松龍昭師は次のように述べている。

「…釈尊の教えは『あらゆる命は尊く平等』であるから『不殺生』を説く。戦争を否定する原理である。しかし、親鸞は『殺生しないと生きていけない』愚かさに目覚め、そのお粗末な私を必ず救うと願われた阿弥陀仏の本願に帰依した。その教えに背いて戦争協力したことを慚愧する。大学院に進んで『靖国問題学習会』に入会して関わるようになった。これは靖国の呪縛から解放される『信仰の回復』だった。…中曽根は憲法を意識していたが、小泉は感情論で強行した。国民には憲法より感情の方が分かり易いだけに悪質だ」（前掲書、一三二頁）。

これらの陳述書には明らかに、浄土真宗の戦争責任・懺悔の行為として、信心・信仰に基づく「靖国問題」への取り組みがみられる。また仏教者としての平和を目指す運動は、決して「宗派」にとどまるものではなく、他の宗教者、特定信仰を持たない人びと、在日コリアンをも含み込む、他者との連帯に基づくものであり、アジアの平和の実現に向かう新たな方向性が生まれている。

二〇〇四年四月の福岡地裁判決は、小泉首相の靖国神社参拝は「憲法二〇条第三項に反する」というものであった。浄土真宗の戦争責任・懺悔の具体的行動は、このようにして、平和実現を目指す日本人の運動を超えてアジアの人びととの連帯へと発展していくものであり、浄土真宗の反原発への取り組みも、このようなアジアの平和実現に繋がりうるものであろう。この芽を、信仰を通じてより豊かなものにしていくことが問われているのである。

二〇一二年末の総選挙以降、二〇一三年六月の東京都議会選挙、参議院選挙で自由民主党は議席を伸ばし、右傾化の方向性は強まっている。八月五日には、全日本仏教会は「首相及び閣僚の靖国神社公式参拝についての要請」文書を、安倍内閣総理大臣宛に提出した。そこには、「靖国神社が国家神道の最重要拠点としての役割を果たした宗教施設である」こと、「特定の基準をもって合祀の対象とした経緯を踏まえると、明らかに憲法の定める『信教の自由』を犯すものである」ことが指摘されている。(『宗教と平和』第五三九号、二〇一三年八月一〇日）。同日、真宗教団連合は、首相・閣僚が靖国神社に公式参拝しないように求める要請文を阿部首相宛に提出した。また、「特定秘密保護法」に対しては、一一月一日、日本カトリック正義と平和協議会は「特定秘密保護法案」反対の声明を阿部首相に送付し、一一月二七日には、真宗大谷派は一一月二七日に「特定秘密保護法案の廃案に関する要望書」を阿部首相に提出した。第一八五回臨時国会において、「特定秘密の保護に関する法律」の強行採決（二〇一三年一二月六日）に対して、日本宗教者平和協議会は翌日、「人権無視、違憲立法の『特定秘密保護法』の強行に抗議し、廃止を求めます」という声明を発表している。

Ⅳ

現代における「坊主」の役割

一 「坊主」の基本的立脚点

近代浄土真宗教団は、明治維新以来、明確に「真俗二諦」論の立場に立って、仏教および親鸞の基本思想、「空・縁起思想」と「国王不礼」を投げ捨て、「絶対的」な天皇制国家と天皇に依存し、植民地侵略戦争を積極的に進める一翼を担ってきた。最終的には、浄土真宗教団は阿弥陀仏と天皇を一体化し、浄土真宗は完全に「靖国仏教」と化した。一九四五年八月一五日、敗戦の「玉音放送」に衝撃を受けた浄土真宗本願寺派法主は次のように述べた。

「大御心の程おそれおほき極みであり吾々の力が及ばなかったためかくまで宸襟（天皇）を悩ませ奉ったことは何とおわび申してよいかそのすべもありません」（小川原正道『日本の戦争と宗教1899〜1945』二〇七頁、講談社選書メチエ、二〇一四年）。

この言葉に、阿弥陀如来と天皇の一体性を見ることができる。法主にとって、戦争の敗北は阿弥陀如来の崩壊でもあったのだろうか。戦争協力は浄土真宗教団だけの問題ではなく、他の仏教教団、キリスト教教団にも共通に見られる。戦争協力を教団として明確に拒否したのは、「天理本道《ほんみち》（一九五〇年に教団名を「ほんみち」と改称）」、「大本教」などごく一部に限られていた。

われわれは浄土真宗の戦争加担に対する回心懺悔の行動として、反原発運動、反靖国運動を見てきた。これらの運動は、「憲法九条」「憲法二〇条」擁護の運動とも結合するばかりでなく、宗教者の運動にとどまらず、広範な国民的な課題とも結合している。このような運動は、人びとの抱えるさまざまな不安、恐れ、絶望に寄り添い、真の人間化の道を共に歩もうとする活動と一体のものでなければならない。社会的なものと精神的・宗教的なものは、本来一体のものである。このような視点に立って、活動することが、真宗僧侶のみならず、すべての宗教者の持つべき品格として、求められるのではないだろうか。そして、その取り組みが前進すればするほど、僧侶・宗教者への信頼は増加するのではないだろうか。

このような視点は、宗教の社会科学への従属を意味するものではない。初期大乗仏教の確立者であるナーガールジュナ（一五〇～二五〇年ごろ、龍樹）は、当時、最も有力な集団・「説一切有部《せついっさいうぶ》」が権力者・大商人と結びつき、釈尊の思想から離れ、圧倒的多数の民衆の救いの道を閉ざしたことに対する批判をおこなった人物である。ナーガールジュナは「涅槃」と「現実世界」の二分法に対し、ものごとの相互依存性・相互関係性の概念として、「空・縁起」を提起した。この「相互依存性」はものごとの「実体化」を否定するものであるにもかかわらず、宗教勢力が世俗権力と癒着するとき、世俗権力の絶対化を保証するものに転化し、自己本来の使命を忘却する。それによって、宗教は「自己のさとりと人びとの救済の一体化」という使命を失ってしまう。そこからの脱却が鎌倉新仏教にみられるような新しい宗教運動である。仏教の改革運動は、現実変革の願いを持って、釈尊の原点に返ることであり、ナーガールジュナの「空・縁起」思想に帰ることである。「空・縁起」思想の提起する、「相異なるもの同士が相互依存、相互関係性にある」という概念はイスラームの「タウヒード」概念やキリスト教の「一つの体、多くの部分」と共通する概念である。

またこれは、アフリカの「ウブントゥ」概念とも共通する。「人間は自己が関わる人間（他者）を通して人間となる」というウブントゥ概念は、南アフリカの、キリスト教徒、イスラーム教徒、ヒンドゥー教徒、土着宗教信者、社会主義者が共有する概念であり、それゆえ非暴力・非服従による反アパルトヘイト統一戦線を組むことができ、それによって一九九四年に、アパルトヘイト体制を打破し、全人種による民主的南アフリカ建設への道を歩み始めたのである。アパルトヘイト体制撤廃後も、人口の七割以上を占めるアフリカ人は、旧体制勢力に対する「報復・復讐」をおこなうことなく、「真実和解委員会」(一九九六〜一九九八)を設置して、犯した罪の告白に基づく赦しをおこなった。この取り組みによって、アパルトヘイトを推進・実行した白人ばかりでなく、抵抗運動のなかで無辜《むこ》の白人を巻き添えによって殺害した黒人もまた、自己の罪を認めて赦しを求めた。

全宗教に共通の共生の概念を支える「相互依存性・関係性」を基軸にして人間相互のあり方を考えることは、現実に大きな力となる。この立場に立つとき、平和の実現は決して不可能ではないのである。戦後、宗教者の連帯による幾つかの平和運動、反原発運動が生まれ、粘り強い活動が続けられている。一九六二年、仏教、キリスト教、教派神道の宗教者によって「日本宗教者平和協議会」が結成された。この機関紙創刊号では次のように述べられている。

「私たち日本の宗教者は、…心の内なる平和は、外なる世界の平和に結びつかねばならないことを確認しました。さらに、私たちは心のうちにある、戦争に対する無関心や妥協を、宗教的良心に基づき深く反省し、外なる世界における平和をさまたげるあらゆる勢力に反対するとともに、それを改めさせるよう努力したいと思います」（「宗教と平和」第五〇〇号、二〇一〇年五月一〇日）。

われわれはここに、宗派宗教の違いを超えた平和運動の基本的基軸を見ることができる。宗教者はこの立場に立って考え、連帯して行動するとき、人びとの信頼が得られるのである。

二　親鸞から学ぶ「坊主」の品格

親鸞が生きた時代は、仏教勢力と世俗権力の合体による「顕密体制」が確固たるものになった時代であり、それが仏教歴史観による「末法・五濁」の世と時代的に一致していた。「末法」とは、仏教の「三時思想」から生まれたものであり、「五濁」とは、「悪世」を示す五つの「濁り」を指す言葉であり、当時、「末法」と重ね合わせて捉えられていた。

仏法には、釈迦入滅後の仏教の推移を示す「三時思想」があり、それによれば、仏教史は「正法《しょうぼう》」・「像法《ぞうぼう》」・「末法《まっぽう》」の時代に区分される。「正法」とは、釈尊入滅後の一〇〇〇年間（あるいは五〇〇年間）であり、それは「仏の教えが存在し、それを学び修行すれば、それによってさとりが開かれる」時期である。次は「像法」の時期で、一〇〇〇年間続くと言われている。この時期には、「仏の教えが存在し、それに基づいて修行する者はいるが、さとりを開くものはいない」とされる。この時期の終わりは、釈迦入滅を紀元前九四九年とする説が平安期には有力であったため、その説に基づいて、像法時代の終わりは、一〇五一年であると考えられていた。「末法」時代は、「像法」の時代が終わると始まるが、この時代には「仏の教えしか残っておらず、人がいかに修行してもさとりは不可能」で、その時期は一万年続くと言われていた。したがって、日本では、一〇五二年から「末法時代」が始まることになる。この時期は、「悪世」の特徴である「劫濁《こうじょく》、見濁《けんじょく》、煩悩濁《ぼんのうじょく》、衆《しゅ》生濁《じょうじょく》、命濁《みょうじょく》」の「五濁」と合わせて考えられていた。「劫濁」とは、「時代のよごれ」を意味し、人びとが生きているその時代自体が、人間に反するものになっているということである。「見濁」とは、「思想のみだれ」を意味し、ものごとを正確・的確に捉えられない思想がはびこっていることである。「煩悩濁」とは、自己中心主義が盛んになることであり、それによって思想も生き方も乱れることになる。「衆生濁」とは、自己中心主義が盛んになることによって、人びとの資質が低下し、好き勝手に悪事をはたらくことが蔓延し、社会・

政治悪に対して鈍感になっていることである。「命濁」とは、これらの濁りの結果、人びとの命はますます軽んじられ、次第に短くなることを意味する。これらの「五つの濁り」は相互に関連し合い、さらに全体的に濁りは増加し、人間の滅亡にまで至らざるを得ないのである。

一〇五二年から始まるとされる「末法」時代は、ちょうど「顕密体制」が確固たるものとなった時代と重なる。この時代に暮らす人びとにとっては、末法の世とは「五濁」が具体的に姿を現した時代であった。この時代には、残されているのは釈尊の「教え」だけだと考えられていた。この末法歴史観は、時代の変遷による、仏法の世俗化を意味している。この世俗化は、僧侶の「官僧化」、すなわち特権階級的な僧侶と世俗の国家権力との融合をもたらし、人間救済という本来の使命が放棄されることを意味した。しかしながら、世俗化には、もう一つの積極的側面がある。それは、仏教の民衆化と知識人や良心的僧侶による仏教の再構築である。

その具体例の一つに、末法・五濁の世界を克服する道筋を提起した『末法燈明記』があげられる。最澄作と考えられたこの書物は、栄西、法然、親鸞、日蓮がそれぞれの著書において引用している。この書物の主張は、第一に、王法（世俗権力）は仏法（仏教の真理）

に基づくべきであり、そうしてこそ政治体制も存続できること、第二に、末法の世においては、「名ばかりの僧侶（無戒名字の比丘）」こそが、尊い宝であり、末法の世を照らす燈明であること、結論として国家を破壊する「蝗《いなご》」のような「官僧」を大切にしてはならず、国家鎮護のためには、「名ばかりの僧侶」こそ、重視されるべきである、というものである。親鸞は、『顕浄土真実教行証文類（教行信証）』の「化身土文類」において、この書のほぼ全文を引用しているが、結論部分である「国家鎮護としての仏教」という主張は引用していない。

仏教の世俗化のもつ積極的側面は、仏教の民衆化・大衆化とかかわる僧侶の役割である。この役割を果たすのは、民衆のなかで、民衆と生活を共にする「名ばかりの僧侶」である。これらの僧は、世俗権力と一線を画す存在でなければならない。これらの僧が民衆に、釈尊が向き合った現実から生まれた、「さとりと民衆救済」の教えを現実の課題と結びつけて説くことによって、教えは現実的な力を発揮するのである。このような捉え方は、鎌倉仏教の場合のみならず、一九七〇～一九八〇年代における途上国世界においていても、その具体例を見ることができる。

一九七〇年代のラテンアメリカにおける「解放の神学」、イランにおけるアリー・シャリーアティーに代表される「イスラーム復興」論、インドにおける「ネオ・ヒンドゥーイズム」、一九八〇年代の南アフリカにおける「状況神学」には、宗教の違いを超えて一つの共通項がみられる。それは、彼らが依拠する聖典や経典に、現実に彼らが直面する課題の解決を見出すという視点である。抑圧に苦しむこれらの地域の人びとは、キリスト教徒の場合には『聖書』、ヒンドゥー教徒の場合には『バガヴァッドギーター』、イスラーム教徒場合には『クルアーン（コーラン）』に、直面する課題解決の道を見出し、精神的解放と社会的解放を一体化させて闘う確信を得たのである。

南アフリカにおいては、「状況神学」に基づくキリスト教理解は一九八〇年代に国民の間に大きく広がり、無血革命によるアパルトヘイト体制の廃棄の運動を精神的に支えた。イランでは、イスラーム復興運動が高まり、一九七九年にはイラン・イスラーム無血革命が起こり、アメリカの支配を断ち切った。ラテンアメリカでは、グスタボ・グティエレス神父の『解放の神学』が一九七一年に出版され、解放の神学は社会政治変革に大きな役割を果たした。インド北部においても、一九七三年には非暴力を掲げた「森林伐採反対運動」に見られるように、ヒンドゥー教は環境保護運動において大きな役割を果たしている。

末法時代とは、「仏の教え」しか残されていない時代である。唯一残された、その教えを人びとに伝えるために必要なことは、仏教の「現代化」である。「もし、釈尊が、生きておられたなら、今、何を語るか」という「現代的」視点に立って、経典に込められた、現実を乗り越える道を見出して、提示しなければならない。親鸞は、その視点について、『顕浄土真実教行証文類』の「化身土文類」において次のように述べている。

「釈尊がまさにこの世から去ろうとなさるとき、比丘たちに仰せになった。〈今日からは、教えを依りどころとし、説く人に依ってはならない。教えの内容を依りどころとし、言葉に依ってはならない。真実の智慧を依りどころとし、人間の分別（はからい。わけへだてをする心）に依ってはならない。仏のおこころが完全に説き示された経典を依りどころとし、仏のおこころが十分に説き示されていない経典によってはならない。…言葉は教えの内容を表わしているものであって、教えの内容が言葉そのものなのではない。言葉に依って教えの内容に依らないのは、人が月を指さして教えようとするとき、指ばかりを見て月を見ないようなものである。…〉」（『顕浄土真実教行証文類（現代語版）』本願寺出版社、五三一～五三二頁、二〇〇〇年）。

仏の教えを依りどころとすることは、「教えの内容」に依拠することである。親鸞は、現実の精神的・社会的課題の解決の「道しるべ」を経典の言葉に読みぬき、それを人びとに述べ説ききかせることこそが、末法の世に必要なことであると考えた。そのために必要なことは、仏の「教え」を語る人間が、民衆のなかで生活し、民衆の「本当の人間になりたい」という願いを受け止めることである。同時に、経典を自由に読みぬく専門的な学問を身に着けることが必要である。知性豊かな親鸞は、法然と同様に、中国浄土教の大成者・善導（六一三〜六一八年）の『観経四帖疏《かんぎょうしじょうしょ》』（『仏説観無量寿経《ぶっせつかんむりょうじゅきょう》』の注釈書）に「教えの内容の意味」の把握方法を見た。善導は次のように述べる。経典には、表面に現れている意味と裏に隠された意味の二面があり、表面の意味は内面の意味を導き出す方便である。『仏説観無量寿経』は、表面的には自力修行を説いているが、その真実の内容は、自力修行の限界性を示すものであり、内面に隠された念仏の教えへと人びとを導くためのものである。ここに親鸞は、「指ばかりを見るのではなく、その指の指し示す月を見る」ことの真意をつかんだのである。これは、教学研究のみによって得られるものではない。民衆の願いに応え、共に歩みたいという願望が基礎になければならない。民衆のなかで民衆と同じ生活をし、現実を切り開く知性豊かな僧侶こそが、「指がさし指す月」を見ることができるのである。そのような情熱に燃えた「僧侶」は、権力者の保護の下で人里離れた深山でさとりを求め思索に打ち込み、その成果を世俗権力による民衆支配に役立てるような、「高い地位の僧侶」ではない。このような「高い地位の僧侶」の対極にある「名ばかりの僧侶」こそが、末法の世に望まれる人物なのである。このような僧侶の積極的評価は、一〇世紀末期の日本の知識人の間では、「常識」化していた。

「名ばかりの僧侶」は文献においても、肯定的な意味でもちいられており、それは『三宝《さんぼう》絵《え》』（九八四年）にみられる次の言葉にも明らかである。

「…経にのたまはく〈龍の子はちゐさけれどもかろむべからず。雲をうごかして雨をくだす。沙弥はいときなけれどもあなづらず。道をえて人をわたす〉との給《たま》へり。…〈孔雀はうるはしうかざれる色なれども、かりのつばさのとをとぶにはしかず〉。『阿育王伝』巻7で述べられている。〈龍の子は、小さいからという理由で、侮ってはならない。能力においては、龍の親と同じであり、雲を動かして雨を降らすこともできるのである。下級の僧侶だからといって、軽んじてはならない。能力においては優れていて、人を救済できるのである〉。…〈孔雀（高位の官僧）は、外観が素晴らしいだけであって、美しくは見えない雁（名ばかりの僧）のように、遠くまで飛ぶことはできない。孔雀には、最も大切な『飛ぶ』という鳥の能力（民衆救済という基本的役割）が欠けている〉」。…」（源為憲『三宝絵』平凡社東洋文庫、一一三頁、一九九三年）。

親鸞は一二〇七年、僧籍を剥奪され流刑判決を受けた。それに対して、親鸞は『顕浄土真実教行証文類』の後序において、「僧にあらず俗にあらず」と述べたが、これはまさに「名ばかりの僧侶」として、末法時代の人びとの要求に応え、生活のなかで人びとに仏の救いを説くことを基軸にした、末法の世に最もふさわしい仏教者の生き方の宣言であった。親鸞は「賀古《かこ》の教信沙弥《きょうしんしゃみ》」に「名ばかりの僧侶」の理想像をみた。「教信沙弥」とは、平安初期の念仏聖であり、兵庫県の加古川で、妻子をかかえ、農耕・荷物運びの労働をして生活を維持し、常に人びとに念仏を勧めた人物であると言われている。

平安末期から鎌倉時代においては、「末法・五濁」の言葉がしめすような現実が日本の社会にはびこっていた。現在に眼を向けてみると、アメリカ中心のグローバル支配、その結果が生み出した「イスラーム国」の出現と「テロ」の拡散、新自由主義・市場原理主義の進行、自己責任論の横行、人びとの社会的政治的無関心、「近現代史の改竄・捏造」に基づく「戦後七〇年」把握の策動、原発・戦争・貧困化による「いのち」の破壊など、まさに「末法」の世を示している。さらに、現代の「末法」現象は、日本に限定されることなく、全世界を覆い尽くしている。まさに、末法の世界化・グローバル化であるといえる。

だとすれば、「名ばかりの僧侶」の役割、その役割を果たさねばならない「品格」が、いまこそ「坊主」に問われているのだ。その伝統は、「毛坊主」として、浄土真宗には受け継がれてきた。民衆と共に生活し、社会のなかに在って、世俗的価値を相対化し人びとの人間化への願いに応える「毛坊主」の役割を果たすことが求められているのである。

今日の日本における平和とくらしを守る運動において、何よりも主体形成・他者との連帯が求められる。その願いに応えるための多種多様な活動が、「毛坊主」に求められている。それに応えてこそ、「名ばかりの僧」が「宝」となる唯一の道であり、その生き方こそ、坊主の品格を生みだすものではないだろうか。

親鸞は、『顕浄土真実教行証文類』において、現実世界の本質を「化身土《けしんど》」として捉えた。この「化身土」は、末法時代の現実社会の特徴としての「自己中心主義・世俗的価値の絶対化」を余すところなく示し、それを投影化した非人間的な「否定的」世界である。しかしながらこの世界は、同時に真実世界への萌芽を内にもつ世界でもある。この「二重性」

は、「化身」のもつ二重性によっている。「化身」には、次のような積極的側面がある。「化身」とは、信楽峻麿教授によれば、「究極的な真実が、法身が人々を真実にまで育てるために示現したところの、方便としての仏身」（『教行証文類』法蔵館、二三四頁、二〇一三年）である。その方便としての仏身の仏国土は「化土」と呼ばれる。信楽教授は、その特徴を次のように述べている。

「化土については、…化身の仏が依るところの場所、仏国土を化土というわけです。ここでいう化土とは、その化とは、…教化の化の意味、そしてまた化現の化の意味をもつもので、人々をして真実なる浄土、真土にまで教化し、導きいれるために方便として仮現され設置された浄土のことにほかなりません」（前掲書、二三四頁）。

「化身土」は自己中心主義者がその内に留まる、「方便化土」であり、「懈慢界《けまんがい》（なまけ・おごり高ぶる自己中心主義者がとどまる世界）」「疑城胎宮《ぎじょうたいぐ》（仏の本願を信じることなく、自己中心主義者が母の胎内に留まってその外の世界に出ることができない状態）」とも表現されている。その「疑城胎宮」は、『仏説無量寿経』巻下において、七宝でできた牢獄で、さまざまな美しい装飾が施されて、罪を犯した王子たちは、そこで金の鎖でつながれているとも表現されている。「モノ」の「豊かさ」はあるものの、「人生の幸せ」「充実感」を感じることができないような世界に暮らしているのである。このような現実を、その本質に気づかずに、肯定し満足するとき、われわれの真実を見る眼は曇らされる。われわれは、願望、自己肯定の眼で現実世界を見がちである。その現実の本質を見るためには、その世界を冷静に客観化することが必要である。しかしながら、その世界の内におりつつ、その世界の客観化は困難と言わねばならない。

アメリカに典型的に現れている、欧米近代世界の本質と「化身土」とは相通じるものがある。有限的なエゴイズムにすぎないものを普遍的・絶対的価値観とする、欧米型近代世界の内側にわれわれは暮らしているが、その世界の内にあって矛盾や痛みを感じつつ、それを超えたいと願う。それを実現するためには、外部性としての「他者」が必要である。そのような「他者」によって、われわれの世界とわれわれが客体化され、はじめてその「化身土」としての世界を超えて、「真仏土」、「真実世界」へ向かうことができる。「他者」とは、抽象的な観念的存在ではない。「真如」（究極の真実）が世俗世界においてはたらく方便報身としての阿弥陀仏は、人間釈尊として二重化されて、われわれに自己中心主義を真理と誤解する愚かさを語りかける。それと同様に、抑圧された非欧米世界の人びとや、過去の土着の文化を状況化して、抑圧からの解放を提起する思想家に、方便法身としての阿弥陀仏の声を聞くことができるのである。欧米近代における文化思想のなかにも、その限界を超える視点が無いわけではない。しかしながら、それらの視点も、外部性としての「他者」による呼びかけに秘められた真実の声に頷くときにはじめて、その現代的意義が見えるのである。

われわれが人間的に生きるためには、科学や芸術の眼と耳が必要である。さらに、われわれには、差別と抑圧に苦悩する人びとの声を二重化し、そこに仏の呼び声を聞く耳を育てること、宗教的センスを持つこと、それを理解することも必要である。これらを兼ね備えた人間となる道を歩もうと努める人こそ、「名ばかりの僧侶」が目指すべき姿であり、そのような僧侶となるべく生きているかどうかが「坊主の品格」を問う指標ではないだろうか。

現代においても「名ばかりの僧侶」がなすべきことは、「仏の教え」を人びとに説くことである。そこにおいて、重要な役割を果たすのは「説教」である。仏教の教えは、説教を通じて、人びとの間に浸透するのである。

三　仏教における説教の現代的意義

子どものころ、住職であった父親は、私に次のように言った。「真宗の僧侶は、お経をよんでご門徒からお布施をいただくのではない。お経などは、誰でもよめる。お布施は、説教をするからいただくのである。念珠(数珠)をもてば、必ず説教をしなければならない」。私は父の言葉を守り、二〇歳ごろからご門徒の家での法事の際には、必ず説教をしている。

浄土真宗では、説教は昔から重視されている。本堂は仏の教えを聞く場であり、外陣《げじん》（参拝者の場所）が広く取られている。子どものころは、その外陣も永代経や報恩講の法要が勤められる時には、満席であった。仏教においては、どの宗旨宗派でも説教はおこなわれているであろうが、特に浄土真宗の場合は説教重視の傾向が非常に強い。本堂の構造がそのように作られていることにも、それは現れている。なぜ、そうなのであろうか。それは、鎌倉新仏教の一つである浄土真宗には、「末法五濁」の時代には、仏の教えしか残されておらず、その教えを伝えるのは、世俗生活を送る「名ばかりの僧侶」であるという考え方が、今日も生きているからではないかと思う。浄土真宗には、在家主義が徹底しており、親鸞以来、「非僧非俗」が基本となっている。しかしながら、世俗の真っただ中にあって、世俗の暮らしをおこなうだけで、仏の教えの現代的意義を説かなければ、真宗僧侶はただの「俗人」にすぎない。

仏の教えを伝えるということは、単なる経典解釈を述べることではない。それは、その時代の課題解決の道を経典や注釈書に発見し、その内容について喜びを持って人びとに語り伝えることである。それが一一世紀後半から始まる「末法五濁」の時代における、「名ばかりの僧侶」の果たすべき義務である。法然が、あらゆる階層の人びとに念仏の教えを語り、深い感動を与えたのは、この点にある。その感動を得た一人が親鸞であった。法然の念仏についての語りそのものが、「説教」なのである。法然には、「直筆のまとまった著述は一篇も現存しない」（関山和夫『説教の歴史』法蔵館、六五頁、昭和四八年）とされ、『選択本願念仏集』も、「直弟子を集めて口述したもの」（六五頁）であり、広義の説教である。これらの説教を通じて、念仏の教えは広まったのである。

親鸞は、『顕浄土真実教行証文類（教行信証）』を書いているが、その内容を平易に説き明かした四三通の書簡が残されている。第一四通目は「自然法爾《じねんほうに》」の法語として親鸞の晩年の思想を示すものであるが、これは親鸞が語った言葉を顕智が筆写したものである。顕智は、親鸞を中心とする念仏者集団の事務局長・書記局長的役割を果たしていた理論家で後に真宗高田派専修寺第三世となった人物である。これらの一連の書簡自体が、文書による「説教」であるといえる。また、唯円の『歎異抄』が今日も高く評価されるのは、そこに親鸞が人びとに語った、「説教」の説得力と人を感動させる魅力があるからだ。

それを受け継いだのは、本願寺第八世の蓮如である。蓮如は、一五世紀後期に成立した自治的共同体としての「惣村」の精神的紐帯として、浄土真宗を浸透させた。その方法は「講」の形成とその結束をはかる説教であった。

さらに興味深いのは、『蓮如上人御一代記聞書』（末）によれば、説教は聞くだけにとどめず、そののち皆で討論することの大切さを蓮如は勧めていることである。

「一句一言を聴聞するとも、ただ得手《えて》に法を聞くなり。ただよくきき、心中《しんちゅう》のとほりを同行にあひ談合《だんごう》すべき」ことなりと云々《うんぬん》。［お説教を一言一句もれなく聴聞していても、自分の都合のいいように、聞いてしまうものである。だから、よく聞いて自分が受け止めた心の内を、門徒（真宗信者）の間で討議することが必要である］（『浄土真宗聖典』本願寺出版社、一二七五頁）。

説教を聞いてから、「談合」、すなわち話し合いをすることの意義は、次のように内容理解が飛躍的に前進するからである。

「『愚者三人に智者一人《いちにん》』とて、なにごとも談合すれば面白きことあるぞと前々住《ぜんぜんじゅう》上人《しょうにん》、前住上人へ御申し候ふ。これまた仏法がたにはいよいよ肝要のご金言なりと云々。［「愚か者でも、三人集まって議論すれば、智慧のある者一人と同じ力をえる」と言われるように、どんなことでも集まって議論すれば、素晴らしいことがえられるのである。そう蓮如上人は、御子息の実如上人に申された。これはまた、仏法を学ぶ者にとっては、とても大切な言葉であると申されたのである」］（『浄土真宗聖典』一三一一頁）。

このような討論は、北陸地方において現在も、「御示談《ごじだん》」という形態で受けつがれている。（蒲池勢至『真宗民俗の再発見』法蔵館、一六四～一八一頁、二〇〇一年）。蓮如はまた、『御文章（御文）』と呼ばれる、大量の文書伝道、文書による説教によって、本願寺勢力を飛躍的に発展させた。

浄土真宗の説教による伝道は、近世においても「講」を通じて定着した。一八世紀中期・後期から芸北・石南地方（広島県・島根県）の多くの村に成立した中小農民主導の「小寄講《こよりこう》」では、迷信・呪術を排除し平等を基軸とした弥陀一仏主義が精神的紐帯となっていた。その定着化の基盤になったのが、説教である。これらの地域では、一八世紀後期には為政者に抵抗する神棚撤去運動が起きており、この神棚撤去の伝統はアジア・太平洋戦争前までは頻繁に見られた。（児玉識『近世真宗と地域社会』法藏館、二〇〇五年）。

仏教の教え、経典・注釈書のなかに現代的課題解決の道を見出し、それを伝える方法としての説教は、現代においても重要な意味を持っている。私自身、幼いころから数多くの説教を本堂で聞いてきた。そのなかには、感動的なものも多くあった。真宗の伝統を受け継ぐ「坊主」として、教学理論研究だけにとどまらず、自分に納得がいき、ぜひとも話したいと思う「仏の教え」を皆に語らなければならない。そして人びとが少しでも、私の語る「仏の教え」に賛同していただければ、「名ばかりの僧侶」の役割は果たせるのだと思う。

真宗の「坊主」であることを示すためには、説教は切り離すことはできない。説教抜きに、「仏の教え」の現代的意義を伝えることは困難だと私は考えている。説教を通じて、坊主の品格はみがかれる。数多くの説教を聞いてきたご門徒の耳は確かである。このことによって、僧侶は鍛えられるのである。以下において、私の宗教活動の一環として、仏教講演と真宗寺院での説教を提起させていただいた。

つしま九条の会二周年のつどい記念講演

（二〇〇七年六月九日、愛知県津島文化会館）

坊主の品格──互いが師となりて──

みなさん、こんにちは。本日は「つしま九条の会二周年のつどい」にお招きをいただきまして、ありがとうございます。このご法縁をともに喜びたいと思います。

私はきょう初めて津島にやってまいりました。ただいま司会の方から過分のご評価をいただきまして、ちょっと恥ずかしい気がいたします。この会に出るにあたりまして、まっさらの輪袈裟をかけてきました。このネクタイは、息子が先日フランスから帰ってまいりまして、そのお土産で、フランス製です（笑）。

最近、自衛隊が国民の平和運動などをひそかに調査していることが新聞にも報道されておりました。本日、この会をひそかに調査しておられるのなら、自衛隊の方に立派な写真を写していただこうと思いまして、あえて立派な格好でまいりました。自衛隊の方がいらっしゃいましたら、ぜひ私の話を最後までお聞きいただいて、上層部の方に私の話をお伝えいただきたい。すると九条の平和思想がさらに広がると思っております。

それでは少しお話しさせていただきます。どうぞ気楽にお聞きください。

つしま九条の会二周年のつどい記念講演

一 日本国憲法と国民の意識

憲法記念日（二〇〇七年）の前日の五月二日付の「朝日新聞」に、憲法六〇年の世論調査の結果が載りました。その見出しには大きく「九条『平和に貢献』七八％」と出ています。つまり、九条が世界の平和に貢献していることを七八％の人が認めているということでございます。

また、「改憲が必要」としている人は五八％ですが、そのうち「九条に問題がある」としているのはわずか六％です。つまり、九条に問題はないということなのです。では、憲法のどこを変えたいのかというと、「新しい権利や制度を盛り込んでほしい」が八四％です。

ところが、政府・国会では、憲法、特に九条を変えようとする勢力が圧倒的多数ですから、多数決で強引に押し切ろうという流れがあります。しかし、世論調査の結果を見ても明らかなように、国民の感覚はまったく違うのですから、国民の常識と国会の常識が逆転しているというのが現実です。

この憲法の改正問題については、ここ三年間の歴史を見ると、非常に面白いことがあります。ある新聞社が毎年四月に、憲法九条を変えるべきかどうかについてアンケートをとっています。それを見ますと、今年は「憲法九条を変えてはならぬ」という人が五六・一％ですが、去年の四月の同じ調査では五三・五％、同じく一昨年は四五・七％でした。つまり、この三年間の流れを見ますと、「憲法九条を変えてはならぬ」という人が四五・七％から五六・一％に増えているのです。この数はどんどん増えています。

なぜ、こういう変化が起こるのかということを考えてみますと、おそらく「知れば知るほど物事が見えてくる」からだろうと思います。われわれは、急にパッと言われると、それを鵜呑みにして、誤解することが多々あります。

先日、うちのご門徒さんからこんな話を伺いました。このご門徒さんは上品なおばちゃんでございます。その方が列車に乗りますと、かなり混み合っていて、ベンチ型の座席に少し隙間が空いていました。そこに初老の方が無理にお座りになった。おばちゃんがふと前を見ると、その方のズボンのチャックが開いています。なんとか言ってあげないといけない。しかし、「おじさん、チャックが開いてますよ」と言えば、相手に恥をかかせることになる。いろいろ思案した結果、そのおばちゃんは「もしもし、前のほうが開いてますよ」とおっしゃった。すると、おじさんは何を勘違いしたのか、「あっそうですか。ありがとうございます」と言って、前の車両に移っていった。しばらくして戻ってきて、「あんた、うそ言うたらアカン。前のほうが混んでるやないか」と怒られたそうです（笑）。つまり、言った趣旨と、受けとめた意味が違ったわけですが、似たような勘違いの話を、この会の事務局の伊藤さんからも伺いました。伊藤さんが「九条《きゅうじょう》は守らないかんね」とある方におっしゃると、その方が「そら、そうや。球場《きゅうじょう》は守らないかん。津島から野球場がなくなったら、どうすんねん！」とおっしゃったそうです（笑）。

同じような勘違い、内容をよく吟味せず、表面だけを見て間違った結論を出すことが、毎日いたるところで起こっています。しかし、この勘違いが平和に関わる問題となると、おかしなことになってしまいます。したがいまして、「改憲が必要だと考える人が五八％いる。だから憲法を変えるんだ」と言っても、その中身が問題なのです。憲法九条を変えたい人が、五八％もいるわけではないのです。中身を見ないと勘違いしてしまいますが、よく考えてみれば、これは当たり前の話で、誰も戦争などしたくないのです。

少し調べてみますと、明治維新後五年ぐらい経った時期からアジア太平洋戦争が終わった一九四五年まで約七〇年間に、日本は一八回の侵略戦争をやっています。そのうち最も長かった戦争は一五年間続きました。アジア太平洋戦争の時期だけに限定しても、アジア・中国・太平洋地域で二〇〇〇万人もの人を巻き添えにして殺しました。日本国民も三一〇万人が亡くなりました。このような現実のなかから九条が生まれたのです。そういうふうに考えれば、ごくわかりやすい話です。

これは日本固有の現象ではなく、世界も変わりつつあります。たとえば国連憲章には大きく分けて三つのポイントがありまして、ひとつは戦争違法化体制の徹底（戦争は法律に違反する。戦争をしてはいけない）、二点目は国家意識に基づく武力行使の徹底的制約（武力行使はさせない）、三点目は国家保有の武力は自衛権の行使に限定すべきである、というものです。これを徹底させると、つまり日本国憲法九条になりますね。

したがいまして、日本の流れは世界の流れと一致しています。ご承知のように、ベトナム戦争の時は、開戦してから反戦運動が起こりました。ところが、イラク戦争の時は、開戦前から世界で一〇〇〇万人以上の人びとが反戦運動を起こしました。このように世界の流れは変わりつつあるのです。このことをきちんと押さえておかないと、間違った方向に進んでしまいますし、後で気づいても遅いということになってしまいますので、眉毛に唾をつけてよく考えたいと思います。

さて、戦争を進めようとする側は二つのことを考えます。ひとつは法的整備、つまり法律で戦争ができるようにすることです。もうひとつは人間の心を変え、戦争に対して無感覚な心をつくることです。戦死したら、その人を「神」として「靖国神社」に祀り、誉めたたえ、「この人に続け」と煽る。そういう考え方を植えつけることが二つ目です。法的整備と「ものの考え方」をセットにすれば、戦争はできるのです。逆にいえば、「ものの考え方」が変わらなければ、戦争はできないのです。そこで非常に大きな意味を持っているのが仏教の考え方です。したがいまして、まず仏教の考え方に沿って戦争の問題を考えていきたいと思います。

二　仏教の三つの特徴点

日本には、ご承知のように、中国・朝鮮から大乗仏教と言われる仏教の流れが入ってきました。大乗仏教というのは、みずからがさとりを開くことと他者を救済することを一体化させる仏教です。自分だけがさとりを開いても、寝ころがっているのではなく、さとりを開く努力そのものが他者のために自分の命を投げ出す行為でなければならない。それが大乗仏教と言われるものの根本精神なのです。ここに大乗仏教の社会性を見ることができます。

まず、仏教の特徴を知るために、お釈迦様の言葉を見ていきたいと思います。お釈迦様は、自己の死に直面したとき、弟子のアーナンダ（阿難陀）に次のように申しておられます。

「さればアーナンダよ、汝らはここに、みずからを洲とし、みずからを依拠として、他人を依拠とせず、法を洲とし、法を依拠として、他を依拠とせずして住するがよい」

（『遊行経』上巻、大蔵出版、二八七〜二八八頁、一九八四年）

お釈迦様は八〇歳で亡くなられますが、『遊行経』というのは、最後の旅の途中で亡くなられていく描写が出てくるお経です。お釈迦様は、八〇歳のころ、お説教をなさった後、鍛冶屋のチュンダという方がお出ししたキノコ料理にあたりまして、血を吐き、苦しまれます。しばらくして、状態は回復したものの、お釈迦様は、自分の死が近いことを感じ、故郷に向かって最後の旅をされますが、途中のクシナガラでお亡くなりになります。お釈迦様は、まだ力が残っているときに、弟子のアーナンダに最後のお説教をなさいました。

それが先ほどの言葉です。しかし、これはインド哲学者が訳したものですが、とても難解な日本語ですね。わかりやすく言えば、おおよそ次のような意味です。

「アーナンダよ、これからおまえは、自分を川中島（中州）にせよ。川中島は、増水しても逃げない。地震が起きても、台風が来ても、火事があっても、何が起きても、動けない。おまえはその川中島になれ。つまり、自分の運命は自分で引き受けよ、ということだ。現実から逃げてはならぬ。たとえ明日死ぬと言われても、それを受けとめよ。人はそれぞれ向き合う現実は違うが、その現実を受けとめよ」。

そして、「法を自分の拠りどころとせよ」という言葉が続きます。法とは何か。それは真実、すなわち、その前に立つと、うそが暴き出されるところの「物差し」なのです。たとえば骨董屋は、偽物を買わされると損をするので、真贋を見抜く目が要ります。そこで丁稚さんに本物の壺を三年間毎日見せて、修業させます。三年後、本物そっくりの偽の壺を見せると、丁稚さんは「旦那さん、これは偽物ですね」と言って見破るそうです。本物が自分の基準（物差し）になっているから、うそがわかるわけで、この客観的基準・物差しのことを「法」と言います。どんなことがあっても法を自分の拠り所にして、持ち続けよ、とお釈迦様はおっしゃったのです。これは私の尊敬する信楽峻麿先生（龍谷大学元学長・名誉教授）の言葉ですが、「人は誰も向かい合う現実が違うけれども、その現実を縦軸とすれば、横軸に法（真実）を貫き、その交差点に生きよ」と申しておられます。自分のなかで法を生かせ。自分のなかで真実を物差しとして、何をなすべきかを考えよ。これが最も肝心なことであって、国家などを頼ってはいけない。本当に頼れるのは仏法である、真実である。その真実のみに依拠し、現実世界を生きなさい。そう、お釈迦様はおっしゃったのです。

以上がお釈迦さまの最後のお説教の概要でございます。最終的なよりどころを「仏法」に置くということは、したがいまして、「世俗権力を絶対化してはいけません」ということになるのです。世俗権力は、正しい判断をおこなう場合もあるかもしれませんが、根本的な間違をおかすこともあります。それが、明治以来の侵略戦争です。最近では、年金問題でボロが出ましたね。頼っていたらえらい目に遭うわけで、本当の拠り所は法、すなわち真実のみである。したがって、「世俗の権力とは相対的な関係を持て。問題点、疑問点、批判点があれば、明確にそれを行動で示しなさい。そういう立場に立って政府を見なさい」とお釈迦様はおっしゃっているのであります。

この世俗権力相対化の視点、国家権力を妄信せず、常に緊張関係を保てというのが、大乗仏教の第一の視点です。

二つ目の視点となる言葉は「空・縁起」についてです。初期大乗仏教を確立したインドのナーガールジュナ（龍樹、二〜三世紀に活躍）は次のように述べています。

「もろもろの存在が他によってあることが空性の意味である、とわれわれはいうのである。他による存在には本体（自性）はない」（龍樹著『廻諍論』22、瓜生津隆真『龍樹——空の論理と菩薩の道』大法輪閣、九八〜九九頁、二〇〇四年）

要するに、この世の中にあるものはすべて、独立して存在していない。相互関連の無限の連鎖のなかで、やっと存在する。きょう私がここに来させていただいたのも、私が来たから会が成り立っているのではなく、みなさま方がいるから成り立っているのです。

このような無限のつながりのなかで自分があるのですから、「オレが」「我が」と偉そうに言っても、つながりという関係が断ち切られてしまえば、たちどころに死んでしまう。ごはんひとつにしても同じです。「ごはんを食べる」と言うけれども、お百姓さんがいなければ、ごはんを食べることはできません。それは一つ二つのつながりではなく、無限のつながりです。なぜサラリーマンは生産をせずにごはんを食べることができるのか。お百姓さんや漁師さんがいるからです。そういうことを考えれば、わかりますね。

たとえば「右とは何か」と問われると、「左でないもの」と答えます。「上とは何か」と問われると、「下でないもの」と答えます。つまり、自分を説明するには他者が必要であり、他者がなければ自分を説明できません。このような無限の連鎖のなかに自分がある、ということを知りなさいということなのです。これを「空・縁起の理論」と言います。

これはとても大事なことです。人間の心臓は、もし買うとしたら、とても高価です。仮に心臓に意識があれば、「オレは臓器のなかでいちばん立派だ」と言うでしょう。すると、心臓に血液を送っている肺は「心臓よ、偉そうなことを言うが、オレが血を送らなければ、おまえはただの焼き肉用の肉塊だ。値段もさほど高くない」と言います。たしかに肺の言うとおりですから、心臓はがっくりし、肺は「オレがいちばん偉い」と言います。すると、気管支が「オレが空気を送らなければ、おまえは血を造ることができない」と肺に言います。それもそのとおりですから、肺はがっくりして、気管支は「自分がいちばん偉い」と言います。すると、気管支の上の口蓋垂《のどちんこ》が「オレが自由自在に動いているから、気管支は空気を送ることができるんだ。オレがいちばん偉い」と言います。そうすると、落ち込んでいた心臓が口蓋垂に「オレが血を送らなければ、おまえは生きていられない」と言います。この話は何を言っているのでしょうか。つまり、すべてのものはつながり合っているということ。しかも、つながり合っているものは、どれも機能において異なるものだということ。非常にレベルが低く見えるものと高く見えるものがつながっているということ。これが大事なんです。「優秀なものだけが生きろ」ということではありません。優秀なものが生きるためには劣等なものが必要で、劣等なものがいなければ優秀なものは生きることができない。そういう構造になっているのですから、「あなたは第二の私」ということになります。このようなものの考え方を「空《くう》の理論」と言います。

したがいまして、「殺す」ということは、論理的に、成り立たなくなります。なぜなら、心臓が肺を殺せば、心臓自身も死んでしまうからです。お釈迦さまは有名な『ダンマパダ（法句経）』のなかで、「殺す」ということについて、次のようにおっしゃっています。

「すべての者は暴力におびえ、すべての者は死をおそれる。己が身をひきくらべて、殺してはならぬ。殺さしめてはならぬ」（『ダンマパダ』129、『真理のことば・感

興のことば』岩波文庫、二八頁、一九九二年）

この言葉には二つの意味があります。ひとつは「生きているものはすべて死をおそれる。それはあなたも私も同じです。あなたと私はつながっている。殺される側の身に立ってみよ。私を殺すことは、あなたも死ぬことになるのです。このことがわかれば、人を殺すことはできない」ということ、もうひとつ重要なのは「殺させてはならぬ」ということです。現実世界に引きつけていえば、アメリカにイラクを攻撃させてはいけない。「自分は他者とつながっていますよ」と言いながら、家で寝ころがっているな、行動せよ、ということです。「自分は他者とつながっている」ということがわかったならば、命懸けで皆で行動し、アメリカによるイラク攻撃をくい止めよ。それをせよ。そうでない限り、仏となる道を歩むことはできない。お釈迦様はそうおっしゃったのです。

そういうことを見ていきますと、第一番目（世俗的存在の相対化）と二番目（相互依存関係、相互関係性）を繫ぐ根拠として、第三番目に「智慧」があげられます。仏教ではこの「智慧」がいちばん重要でございます。お釈迦様は次のように申されます。

「この身体は水瓶のように脆いものだと知って、この心を城郭のように（堅固に）安立して、智慧の武器をもって、悪魔と戦え。克ち得たものを守れ。――しかもそれに執着することなく」（『ダンマパダ』40、前掲書、一五頁）

私たちの身体は有限です。長生きしても一二〇歳まででしょう。いかに医学・科学が進歩しても、不死をえることはできません。そのことを知り、その有限性を乗り越えていく力を与えるのが智慧なのです。

では、なぜ智慧には、そのような力があるのでしょうか。そのためには、智慧とはどのようなものなのを知らなければなりません。

「智慧」は、インドの言葉で「プラジュニャー」と言いまして、現代インドで使用されているヒンディー語辞典の説明によれば、「アンタル（内を）ドゥリシュティ（見る）」「アンタル（内を）ジュニャーナ（知る）」という意味です。それに対して「学問」は、「ヴィジュニャ」と言いまして、「外を知る」という意味です。

われわれ大学の教員は、自分の「外」のことを研究しますから、とても優れた研究者でも、人間的には最低だということもありまして、往々にして最低の人間も大学教授になりえるのです。私が大阪外国語大学の学生のとき、先生は「君は将来、研究者になるのがいいと思う」とおっしゃいました。私は感激いたしまして、「先生、僕はそんなに優れているでしょうか」と申しますと、「いや、そういう意味じゃないよ。君は非常識で自己中心的だから、会社に就職したら三日と持たない。また、勤め続ければ、君は会社にも迷惑をかけることになる。だから、それとは違う生活をせよと言っただけだ」と言われました（笑）。

そういう次第で私は非常識で自己中心主義的な生活をしておりますが、一方では寺の住職をしており、ご門徒さんとともに生きておりますので、ご門徒さんからいろいろ学ばせていただくことによって、この非常識さ、自己中心主義に気づかされ、それを今度は「肥やし」に転じて、真実の果実を実らせるべき道を少しずつ歩ませていただいております。

いずれにしましても、「プラジュニャー」すなわち「内を知る」というのは、「自分を突き放して見るもうひとりの自分を誕生させる」ということです。自分を突き放して見るもうひとりの自分を誕生させると、「偉そうにしているけれども、おまえはそんな偉いものではなくて、みんなによって、やっと生かされているだけじゃないか」と、「もう一人の私」が私に言います。この自覚を与えるものを、お釈迦さまは「智慧」と言い、親鸞聖人は「信心」と言いました。

たとえば心臓が自分を突き放して見ると、人体が見えます。そうすると、「みんながつながり合っていて、やっと自分は生きさせてもらっているのだ」とわかりますから、みんなを大切にします。他人を殺したら、自分が死ぬ。先ほどもふれさせていただきましたように、心臓が偉そうに言って肺を殺したら、心臓も死ぬ。だから殺生をしてはいけない。殺生をすることは、自分を殺すことになるのです。

自分を突き放して見るもうひとりの自分が誕生すると、自分がみんなのお世話のなかでやっと生きさせてもらっていることがわかってきます。つまり、それぞれがつながり合っているのだということが見えてきます。この事柄が「相依関係」でありまして、インドの言葉で「バクティ」と言います。

相依関係、すなわちバクティは、先ほどの人体のつながり概念を指しますし、アパートなどの建物にも使えます。たとえば八階建てアパートの五階部分もバクティです。五階は、一階、二階、三階、四階があるから成り立つわけで、自立できません。そして、五階があるから六階、七階、八階もあるのですから、五階だけを取るわけにいきません。これもバクティです。バクティというのは「つながり合った全体の部分」ということになって、「私」

と「あなた」が一体化します。そういうものの考え方は非常に重要な事柄ではないかと思います。ネパールからの留学生にそんな話をしましたところ、私の言っていることと同じ意味で、ネパールでも「バクティ」を使うとのことでした。

そうすると、このような関係を理解して、自分のために行動することは、他人のために行動することと一体になりますね。これを「カルマ・ヨーガ（行為）」と言いまして、仏教では「行」に該当します。これは「私心を離れた行動」を指しますが、現代のインドではこれをもっと深めまして、「民衆連帯による、権力の誤りを糺す行動」と言っています。権力から奪い取らず、権力の間違いを糺していく。なぜなら権力者も自分とつながっているから、そういう形で相手を変えて、無血で世の中を変革していこうとするわけです。

実際にそんなことが可能だろうかとお思いかもしれませんが、南アフリカのアパルトヘイト反対運動はこの思想でそれを実現した例です。また、一九六〇年代にはアメリカのマーティン・ルーサー・キング牧師がこの思想を受け入れて、黒人の選挙権を勝ち取る運動を実現させました。これらはいずれも無血運動ですが、いま、この思想が非常に重要な時代になっています。

この「智慧の道」「相依関係の道」「行動の道」の三つは、お互いにつながり合って、くるくる回って、どこから始めてもかまいません。そういう行動が仏教のいちばんの根幹にあるということを申し述べておきたいと思います。

三　仏教と他宗教の共通点

では、このような考え方は仏教だけのものでしょうか。そうではありません。いま現在、キリスト教やイスラーム教など世界の伝統的宗教は、みんな同じ考えに立って世直しに関与しています。

なぜ南アフリカのアパルトヘイト反対運動は可能になったかと申しますと、キリスト教の力です。この力というのは、アフリカ的キリスト教の力です。デズモンド・ツツ大主教はノーベル賞を受賞されましたが、南アフリカでは、キリスト教の力が非常に大きく、約八割の人びとがクリスチャンです。その人たちが「相手を憎まない」という考え方に立ったから、アパルトヘイト反対運動は可能になったのです。

南アフリカでは、デズモンド・ツツ大主教とネルソン・マンデラ大統領の協力によって「真実和解委員会」（一九九六〜一九九八年）が設置されました。これは、「自分はいままで人殺しをしてきた」と考える白人が、黒人の前で自分の罪を告白し、黒人はそれを許すという取り組みが現実になされ、七〇〇〇人が釈放されました。いまはそんなことが実現する時代なのです。この委員会について述べられたアメリカの本を読んでいますと、「道は困難だが、希望がある」と書かれていました。アメリカ人も感動しているわけで、いまはそういう道筋に変わりつつある。それが九条につながる流れではないかと思います。

世界の平和運動において、特徴的なことが四つあります。

まず一点目は、社会的なものと精神的なものを分けないということです。バクティの思想に立てば、みんながつながっているのですから、「心のなかだけで安心が得られればよい」ということにはならない。そうではなくて、心のなかも社会も、その両方がよくなければならない。南アフリカのアラン・ブーサックという牧師さんは、「神の御教えは生活全体の解き放ちである。心も社会もすべて解放するものである」と言っています。

二点目は、国家権力を相対化し、国家を神のごとく崇めないということです。たしかにキリスト教では、『ローマ信徒への手紙』第一三章に出てくるように、神は国家に権力を与えます。しかし、それには意味がありまして、神が権力者に政治権力を渡したのは、「神の意にかなうように活動しなさい」という意図からでした。もし権力者が神の意に沿って行動しない場合は、権力者は悪魔に変身したのだから、権力者を取り替えることが国民に求められます。まさに南アフリカのアパルトヘイト反対運動がそれですから、キリスト教においても、国家権力を絶対化しないという考え方はあります。もちろん、イスラーム教にもこの考え方があります。

三点目は、「すくい」の原点としての現世です。これは、来世を祈るのではなく、いまが次の世につながっているという考え方です。仏教の内容は、仏となってゆく道であります。「仏となっていく道（真の人間となる道）」は、いまこの現在のなかにあるのであって、この道を歩んで仏になるのです。「困難だから先送りしよう」というのは、「劣等生」の夏休み宿題と同じです。私も覚えがありますが、私のような「劣等生」は夏休みになると、毎日が休みだからと宿題を先へ先へと延ばして、始業式の前日に慌てて『夏休みの友』を必死でやる羽目に陥ってしまいます。そうなってはいけないということです。

四点目は、植民地獲得を合理化する近代ヨーロッパ型のものの考え方（欧米中心主義）を神のごとく尊重しないで、土着のいろいろな考え方を大事にしようということです。

以上のような考え方は、キリスト教にもイスラーム教にも仏教にも共通しています。

四　仏教と憲法九条

それでは、仏教の立場から憲法九条をどのように守っていくのかということですが、私は浄土真宗の僧侶ですので、最も親しんでいる経典からお話しさせていただこうと思います。津島は浄土真宗のご門徒さんが多いと伺っておりますので、『仏説無量寿経』というお経の名前は、お聞きになったことがあるかもしれません。これからお話しするのは、この『仏説無量寿経』に述べられている事柄です。このお経は、法蔵菩薩が自己のさとりと民衆救済のために四八の誓いを建て、それが成就して阿弥陀仏になることが説かれています。

真実と衆生救済の道を求める意識に燃えた法蔵菩薩《ほうぞうぼさつ》という修行者が、世自在王仏《せじざいおうぶつ》という先生に「どうしたら、私はさとりを開き人びとを救うことができるでしょうか」と尋ねましたところ、世自在王仏は法蔵菩薩の問いに対していろいろと教えてくれました。そこで、法蔵菩薩はその教えをもとにして、五劫の間（非常に長い期間）考え、仏となる四八の誓いを立てます。この四八の誓いが認められて、法蔵菩薩はめでたく仏、すなわち阿弥陀仏になりました。こうした事柄が説かれているのが『仏説無量寿経』というお経です。

『仏説無量寿経』に述べられている、法蔵菩薩の四八の誓願は、一時流行した言葉である「マニフェスト」、つまり選挙公約と似たところがあります。問題は、四八のマニフェスト内容が実行されているかどうかということですね。法蔵菩薩は四八の誓願が認められて、仏(阿弥陀仏)になったのですから、このマニフェストを読めば、阿弥陀仏はどのような方かがわかるのですが、今回は憲法九条に関わる部分だけを取り出してみたいと思います。

法蔵菩薩という修行僧が、仏になるにあたって考えた誓いの第一番目は、「わたしが仏になる時、私の国に地獄や餓鬼や畜生のものがいるようなら、私は決してさとりを開きません」(『浄土三部経(現代語版)』二五頁、本願寺出版社、一九九六年)という文言です。法蔵菩薩は「自分の国にそういうものがあったら、さとりを開いたことにはならない」と言って、仏になったのですから、「この浄土では、平和で、戦争も憎しみ合いも飢えも一切ない世界を建立する」ということ、つまり「平和を建立する」というのが仏の願いなのです。

誓いの二つ目は、「わたしが仏になるとき、わたしの国の天人や人びとが命を終えた後、再び地獄や餓鬼や畜生の世界に陥ることがあるようなら、わたしは決してさとりを開きません」(前掲書、二五頁)というものです。これは平和を一代限りにしないという、恒久平和の願いですから、だんだん日本国憲法前文のようになっていきます。日本国憲法前文には「日本国民は恒久の平和を念願し」と書かれています。

三つ目は、「わたしが仏になるとき、わたしの国の天人や人びとがすべて金色に輝く身となることがないようなら、わたしは決してさとりを開きません」（二六頁）という誓いです。仏様は黄金色をしています。なぜかというと、たとえば「すべての人を白い色にする」といえば、白人がいちばん上になりますし、「すべての人を黒色にする」といえば、白人が下になります。同様に、「すべての人を黄色にする」といえば、黄色くない人は追い出されてしまいます。一方、黄金は最も高価なものです。すべての人を最も高価な黄金の色にするということは、現代の言葉でいえば「基本的人権をポイントにする」ということになります。つまり、日本国憲法第一一条の「基本的人権は、侵すことのできない永久の権利」を、「金色」と表現しているのです。なお、基本的人権の規定は日本国憲法第九七条にもあります。

四つ目は、「わたしが仏になるとき、わたしの国の天人や人びとの姿かたちがまちまちで、美醜《びしゅう》があるようなら、わたしは決してさとりを開きません」（二六頁）という誓いです。

私は幼いころ、父から『仏説無量寿経』を教わっておりましたとき、「みんなを美人やキムタクみたいなハンサムにすることだ」と解釈して、「お父ちゃん、これ、おかしいんちゃう?」と言いました。私の父もそれほど男前ではなかったし、母親も、まだ元気に生きておりますが、憎たらしいことばかり言う人で、とても藤原紀香みたいな人ではありません(笑)。

ところが、父は「真実にめざめて生き生きしていたら、どの顔も美しいやないか」と申しました。「娘十七、番茶も出ばな」と申しますが、人は一七歳になりますと未来に展望を持ちます。だから美しい。それと同様に、真実、すなわち平和が満たされたら、みんながそういう顔になるんだ、という意味であろうと思います。総ての人が平等になっていけば、どの顔も美しくなるということですから、憲法第一四条の「法の下の平等」につながろうかと思います。

そして、極めつけは『仏説無量寿経』巻下の「仏が歩み行かれるところは、国も町も村もその教えに導かれないところはない。そのため、国は豊かになり、民衆は平穏に暮らし、武器をとって争うこともなくなる」(前掲書、一三五頁)という文言です。真実が満ちあふれ、平和になれば、兵隊や武器は要らない。しかし、真実がなければ、そうはならない。われわれが真実にめざめれば、そんなことがバカらしくなる。そういうことが書かれています。

さて、真実すなわち平和を実現するために、そこにいる人びとがやらねばならぬことがあります。平和実現に向けて、人びとが持たねばならないとされているのが、「六神通《ろくじんずう》、六つの類まれな力」です。

六神通のひとつは、「わたしが仏になるとき、わたしの国の天人や人びとが宿命通《しゅくみょうつう》を得ず、限りない過去のことまで知り尽くすことができないようなら、私は決してさとりを開きません」（二六頁）、すなわち「私の国にいる人たちは総て、過去を知り尽くす力を持ってほしい」ということです。明治以来、日本は一八回も大きな戦争をし続け、二〇〇〇万人ものアジアの人びとの命を奪いました。日本国民は、三一〇万人が亡くなりました。その歴史を知れ、ということです。

二つ目は、総てを見抜く眼をもつという願い、すなわち「見えないものを見るようにせよ」ということです。われわれはイラク戦争のテレビ報道を見ていても、もうひとつよくわかりません。それは当然の話でして、テレビ業界はＣＮＮという巨大資本に握られ、この巨大資本の意図に合うものしか映さないからです。だから、アメリカのマスメディアは殺される側のことは報道しない。われわれは、そういうアメリカのフィルターのかかった映像ばかり見せられている。そうではなくて、真実を見る目を持ち、そういう学問をせよ、ということです。

三つ目は、声なき声を聞く願いです。イラクの人たちは、いったいどんな発言をしているのか。これもテレビには現われませんので、勉強して、それを知るようにしなさいということです。イスラーム関係の非常に優れた本もたくさんありますから、それらを選択して読めば、すぐにわかります。

四つ目は、他者の心を知る願いです。苦しめられている人たちは、何を考えているのだろうか。なぜ自爆テロを決行するのだろうか。なぜパレスチナの人たちはあんな目に遭わされているのか。その心を知るには勉強しなければいけません。

そして、五つ目は、「真実にめざめたら、すぐにその人たちを救う行動をしなさい」という誓いです。

これらを実行するのは、なかなか難しいことです。「わかってはいるが、できない。しんどい。このまま家で寝ていようか」となります。なぜならわれわれには、煩悩があって、自分中心主義に陥っているからです。そこで、六神通のまとめとなる六つ目は、「この自己中心主義から完全に解放されなければならない」という誓いです。

ここからが宗教の世界に入るわけで、自己中心主義からの完全な解放を可能にするのは、先ほどお話しした「智慧」が必要です。「自分はこれでいいのだろうか」と、自分を突き放して見るもうひとりの自分の存在を考えよ。これは、みなさんにお話ししているだけではなく、私自身にも突き刺さる言葉です。私は大学の教員をしておりますから、学生にいろいろなことを教えますし、偉そうなことも言います。「では、おまえはどう生きているのか」と、常に私は私に問いかけねばいけないのです。しかも、その問いかけは、私を超えたものからの声でなければなりません。そうでないと、私はそれを簡単に拒否できます。すると、その先へ進むことができず、その結果、私とみんなの本当の、目には見えないつながりが見えてこないのではないかと思います。

五　アジャセの懺悔と私たち

さて、そういう境地に立ち、本当に自己中心主義から解放されれば、平和の実現は可能です。そこで、アジャセ（阿闍世）という最悪の人が本当の人間へと変わっていったという物語を少ししてみたいと思います。

『涅槃経』によりますと、アジャセ王子は、自分の父親であるビンバシャラ王（頻婆沙羅）

を逮捕し、人を使って殺させ、自分が王様になりました。アジャセ王をそそのかしたのは、お釈迦様の従兄弟のダイバダッタ（提婆達多）という男です。それでアジャセ王は後継の王様になるのですが、後味が悪くて悩んでおりましたら、全身にヘルペスが出てきて、膿が悪臭を放つようになりました。アジャセ王が「オレも地獄に堕ちるのではないか」と苦しんでおりますと、家来がいくつかのおべんちゃらを言いました。

まずひとりの男は、「王様、あなたは地獄に堕ちると心配しておられますが、そんな心配はご無用です。地獄などというものはありません。もし地獄があるならば、一人ぐらいは戻ってくる人間がいるはずです。誰も戻らないということは、地獄はないのです。ないものに堕ちる心配をするのは愚かです」と言いましたが、アジャセ王は「なるほど、そうか」とはならないのです。

別の男は、「たしかに、お坊様は人を殺してはなりませんが、あなたは政治家だから殺してもいいのです。われわれはより強い王を求めるのだから、それでいいのです」と言いました。それでもアジャセ王は、すっきりしません。

またある男は「哲学でも霊魂は不滅だと言います。ですから、お父上は殺されても不滅なのです。悩む必要などありません」と言い、あるいは「あなたのお父様は殺されるべき運命を持っていたのだから、あなたが殺さなくても、いつか殺されていたはずです」と言う男もいました。

アジャセ王はいずれの言葉にも納得しませんでしたが、ただひとり、アジャセ王の悩みを受けとめた人物がいました。それがギバ（耆婆）という御殿医です。ギバは「あなたがすっきりしないのは、深く後悔して慚愧の心が出てきているからなのです。こういう状況にある場合、人間は救われます。二つの清らかな法によって、衆生は救われることができます」、「その法とは、一つには『慚《ざん》』であり、二つには『愧《ぎ》』であります。慚とは自分が二度と罪をつくらないことであり、愧とは人に罪をつくらせないことです（つまり自己と他の関係）。また慚とは心に自らの罪を恥じることであり、愧とは人に自らの罪を告白して恥じることです（これも自己と他の関係）。また慚とは人に対して恥じることであり、愧とは天に対して恥じることです（真実に対してひざまずくこと）。これを慚愧といいます」（『顕浄土真実教行証文類（現代語版）』二七六～二七七頁）と説きました。

アジャセ王は、ギバの導きによってお釈迦様に会い、お釈迦様から話を聴いて、真実にめざめます。アジャセはお釈迦様に仏を見たのです。そして、アジャセは次のように申します。「私は今はじめて伊蘭《いらん》の種から栴檀《せんだん》の樹が生えるのを見ました。伊蘭の種とは私《アジャセ》のことであり、栴檀の樹とは私の心に起こった無根の信であります」（前掲書、二九五頁）。

伊蘭というのは、インドに生えているゴムの木の一種で、その匂いは気絶するほど臭く、実を食べたら死ぬと言われるほどです。アジャセは、自分をこの樹に例えて、「私は伊蘭の樹だから、絶対に香りのよい栴檀が生まれるわけがない。私は常に伊蘭しか生み出せないのに、不思議にも栴檀が生まれた。こんなことは私に起こるわけがない。私に根のないものであり、仏様が与えてくださったとしか言いようがない」と考えました。これを親鸞聖人は「他力の信」とおっしゃっています。

続いてアジャセは、「そこで仏が得られた功徳を見たてまつって、衆生の煩悩を断ち、悪い心を破りたいと思います。……世尊（お釈迦様）、もし私が間違いなく衆生のさまざまな悪い心を破ることができるなら、私は常に無間地獄にあって、はかり知れない長い間、あらゆる人びとのために苦悩を受けることになっても、それを苦しみとはいたしません」と言いました（前掲書、二九六頁）。

いいことをおっしゃっていますね。真実を求めて行動すると、必ず邪魔が入る。平和を目指す人びとの集まりには、自衛隊は密かに写真を撮りに来ることもありうるだろうし、いろいろなことがある。しかし、ありがたいことではありませんか。これは姿を変えた仏であり、われわれに「たたいても壊れない真実心を持ちなさい」、そういうことを要求しているのです。「われわれは、いやがらせを苦にしない。また怯むことはない。なぜなら真実が得られたから」。アジャセが語っているのは、そういう意味だろうと思います。

そしてアジャセは最後に、医師のギバに向かって言います。「ギバよ、私は命終わることなく、すでに清らかな身となることができた。短い命を捨てて長い命を得、無常の身を捨てて不滅の身を得た」(前掲書、二九七頁)。これがすなわち「新しい自己」の誕生です。

真実を求めて行動することによって、古い自分が死に、新しい自分が生まれた。新しい自分とは、心に浄土をいただいた自分である。何も恐れることはない。その道は、他人を真実に導くために非常な努力をする道である。自分がさとりを得たことを喜んで終わるのではなく、それを他にも分け与えていく。悪を絶つために、どんな妨害があっても、それをものともせずに生きることに喜びを感じる。何も苦しみとしない。他人のために行動することが無上の喜びとなるのです。

われわれはこのアジャセの心をぜひ受けとめたいと思います。これが最も重要なところではないかと思います。

六　憲法九条と念仏者の活動

明治以来、浄土真宗は大きな過ちを犯しました。日本では明治以来、一部の例外はありますが、キリスト教も仏教も含めて、宗教界は戦争に協力し、ご門徒衆を戦争に追いやりました。私はそのことを、アジャセの心と結びつけて考えたいと思います。われわれ真宗の僧侶は、かつてのアジャセと同じく、人を殺させてきました。しかし「真実にめざめたら、二度と同じことを起こさせない。そういう行動をしましょう」という仏の声がきこえるのです。そういう意識が、特に私が関わっている浄土真宗では強く、「真実に基づく行動をせよ」というのが、仏からわれわれへの命令だと考えています。

レジュメに引用したのは真宗大谷派の戦争責任の告白と懺悔の文ですが、同様の趣旨のものは西本願寺も曹洞宗もキリスト教も出しております。九〇年代に、戦後五〇周年を迎えるにあたって、日本のほぼすべての宗教団体は、自分たちが過ちを犯したことを認め、「この過ちを二度と繰り返させないために行動せよ」という問題提起をおこないました。この事柄は私たちの最も重要とするところであり、その心はアジャセの懺悔の現代化であろうかと思います。

二点目は、仏教者は国家権力を絶対化してはならないということです。これは何度も申し上げました。親鸞聖人は次のように述べています。「『菩薩戒経』にのたまわく、『出家の人の法は、国王に向かひて礼拝せず、父母に向かひて礼拝せず、六親に務《つか》へず、鬼神を礼せずと」(『浄土真宗聖典』四五四頁、本願寺出版社、二〇〇六年)とおっしゃいました。ここでいう「出家の人」とは、現実には「真実を求める人、本当の人間になろうと願う人」という意味です。

真実を求める者は、国家を神と崇めてはならぬ。崇めるのは真実すなわち南無阿弥陀仏だけである。また父母に礼拝してもならぬ。なぜなら父母は尊い立派な方だが、永遠ではない。間違いも犯す。だから、それにもたれきってはいけない。われわれが拠って立つのは真実、すなわち仏のみである。同様に、永遠性・絶対性を有しない六親(親戚)にも、礼拝してはならぬ。鬼神は、キムタクや藤原紀香のような姿形でわれわれに近づき、甘い言葉で語りかけ、あるいは非常にすばらしい理論を激しく語りかけ、われわれは鬼神の美貌と理論にフラフラとなる。しかし、「これは夢だ」と思って心を集中させると、目の前から消える。親鸞聖人はこのようにおっしゃいました。われわれはこういうことを考えねばならないと思います。

そこで三点目は、真実にめざめた者は、その実現のため社会運動に関わるべきであるということです。これについては親鸞聖人も、「これは御報恩であり、真実を得たわれわれは、その真実を世に広めねばならない」と申しておられます。おかしいことがあれば、アジャセのように命懸けで、それを阻止しなければならぬ。それがわれわれの務めである。これが、われわれの受け止めるべき親鸞聖人のメッセージではないでしょうか。

先日、私の親戚のお寺へ真宗高田派の御法主さまが御親教（ご講演）に来られましたが、そのとき「憲法九条を守りましょう。憲法九条を守ることは仏教者のなすべきことです」とおっしゃいました。このお言葉は私の心に強く残っております。

憲法九条は、世界の主流となっていく道筋でございます。圧倒的多数の人びとが憲法九条を認めておりまして、そのことが戦争をしたがっている人たちにとっては恐ろしいのです。したがいまして、われわれは戦争をしたがっている人に向かって、「あなたたち、怯える必要はない。その自己中心的な考え方を変えなさい。そうすれば本当の人間になれますよ」と迫る必要があると思います。それが仏教の心であろうかと思います。

先ほど申しましたように、この戦争によってはかり知れない苦悩や苦痛を、近隣諸国や私たち同胞に与えました。私たちは仏教徒として、アジャセの懺悔を自分のものとして受けとめ、重ね合わせる必要があります。そして、真実にめざめた私たちは、アジャセのごとく行動することが求められています。

私のごく狭い体験を申しますと、私は四日市大学のキャリアサポートセンター長をしておりまして、全学生に憲法九条を学ばせるという取り組みを二年間続けております。そうすると、学生は「これが大切なんだ！」というふうに憲法九条を認めます。学生は、「普通の生活を壊されたくない」という、この一点で九条を認めるのです。

これは非常に重要なことではないかと思います。縷々申しましたように、われわれは自分の生活を守ることと、他の人びとの生活、アジアの人びと、イラクの人びと、パレスチナの人びととの普通の生活を守ることをつなぐことが大事ではないかと思います。そして、それを阻止しようとする人たちに対して、その間違いに気づかせてあげたい。そういう行為をしたいと思います。そういう立場に立って行動しようとするとき、阿弥陀様は私たちの前に立ち現れ、私たちを励まされるのです。私たちのそばに仏はお立ちになり、「あなたがさとりを得るまでは、私も仏とはならぬ」と勇気づけていただけるのです。

このような力づけを受け止めることこそが、本当の宗教の現代化の意味ではないかと思います。私も、非力ではございますが、そのかけらのひとつでも果たしたいと思っております。本日はどうもありがとうございました。（拍手）

日常生活と智慧——恩とは何か

（千葉県銚子市、浄土真宗本願寺派・
寶満寺報恩講法話、二〇〇九年一一月一五日）

南無阿弥陀仏、南無阿弥陀仏。
如来大悲の恩徳は
身を粉にしても報ずべし
師主知識《ししゅちしき》の恩徳も
骨を砕きても謝すべし（正像末和讃55）。
南無阿弥陀仏、南無阿弥陀仏。

このたびは寶満寺さまの報恩講のご法縁に遇わせていただき、誠にありがとうございます。また、寶満寺さまの門信徒の皆様に初めてお遇いさせていただくという、このご縁を喜ばせていただきたいと思います。

私は、三重県の四日市市から参りました。寶満寺さまと私は、遠い縁続きになります。私の姉が福島県須賀川市の勝誓寺（寶満寺さまの親戚）さまに嫁いでおりまして、ご当山のご住職とは、法要のおりに須賀川でよくお会いします。本日、皆様にお会いできましたのも、不思議なご縁だと存じます。

私のお寺である正泉寺は、一五〇八年に創建され、昨年、五〇〇年を迎えました。実は、さらにその一〇〇年ほど前の法宝物・光明本尊がございますので、創建はさらにもう一〇〇年ほど遡ることになります。光明本尊と申しますのは、初期真宗の礼拝対象となっていたもので、全国に七〇ほどあるようですが、自坊の光明本尊は保存状態がとてもよいと専門家が申しておりました。正泉寺（創建当時は光明寺という寺号でした）の開基・唯円法師を指導した先生は、関東から来られた方だということです。この度、開基の指導者の故郷・関東に来させていただき法話のご縁いたわけで、そのことを本当にうれしく思います。

さて、先ほど讃題《さんだい》に掲げましたのは、親鸞聖人のご和讃で、「恩徳讃《おんどくさん》」と呼ばれているものです。皆さまよくご存じのものです。この意味はおおよそ次のようになります。

「阿弥陀さまの大慈悲の恩徳に対して、本当に身を粉にしても報じていかなければいけない。浄土真宗の源流となる七高僧をはじめ、いろいろな師主知識（すぐれた指導者）の方々が、われわれに道を示してくださっている。そのような方々にも、骨を砕くほどの感謝を申し上げねばならないのに、そんなこともできない、なんとなさけないじぶんであることか」。

そう親鸞聖人は述べておられるのです。

実は、この言葉には元になるものがございます。それは善導さま（七世紀中国の浄土教大成者）の言葉です。善導さまは、『法事讃』でこう申しておられます。「身を砕きても釈尊の恩を慚謝せん。身を粉にして、その教えを実行すべし」。親鸞聖人は、この言葉を下敷きにして、この「恩徳讃」をお書きになられたのだと思います。

そこで今日は、「恩」とはどういうことなのかを中心に、お話しさせていただこうと思います。

一　「恩」の語源と現代における「忘恩」

「恩」というのは、古代インドのサンスクリット語のKṛitajña（クリタ・ジュニャ）を中国語に訳したものです。私は若いとき、大阪外国語大学（現・大阪大学外国語学部）で現代インドのヒンディー語を専攻しておりまして、古典語であるサンスクリット語も少々かじりました。そのサンスクリット語では、Kṛitaは「なされたこと」でjñaは「知ること」という意味です。つまり、「なされたことを知る」というのが、本来の意味であり、その言葉を中国人は「恩」と訳したのです。

現在でも、インド人やネパール人は、Kṛitajñaを使います。私の勤務先の四日市大学には、ネパール人が数名います。その留学生にヒンディー語で訊ねてみました。「君、クリタ・ジュニャという言葉を知っているかい?」。すると、彼は答えました。「よく知っています。『なされたことを知る』という意味で、日常的によく使いますよ」。

手元にあるサンスクリット語の辞典で、Kṛitajñaを調べますと、次のように説明されています。

「何が正しいかを知ること、行為において理にかなっていること、過去の恩恵を認めること、以前に(自分になされた)助けを忘れないこと」(*A Sanskrit-English Dictionary*, Oxford, 一九七四)。

さて、ここに述べられているような「恩」の意味が今日理解されているでしょうか。親の恩や先生の恩、「仰げば尊しわが師の恩」などは「死語」かもしれません。今から一五年ほど前のデーターに基づいた興味深い調査があります。それは、日本青少年研究所がおこなった「ポケベル等通信媒体調査」（一九九六年）です。ここには、日本、中国、アメリカの三ヵ国の一〇〇〇名の高校生におこなった、いくつかのアンケート結果が載せられています。

例えば、「先生の言うことに対して、反抗してもいいか」という問いに対して、「はい」と答えた高校生は、日本の場合は七九％であったのに対し、アメリカは一五・八％、中国は一八・八％でした。また、「親に反抗してもかまわない」と認めたのは、日本八四・七％、アメリカ一六・一％、中国一四・七％と、日本が突出しています。「学校をずるやすみしてもいいか」という問いに対して、肯定する者は日本六五・二％、アメリカ二一・五％、中国九・五％でした。

このアンケート結果をご覧になって、いかがでしょうか。日本とアメリカは、似ているように思いますが、実際にはまったく違います。中国とアメリカは、まったく違うように思い込んでいますが、このアンケート結果では、同じような傾向が出ています。

もう一つ、興味深いアンケート調査があります。総理府は昭和四七年（一九七二年）から「国民生活に関する世論調査」をおこなっており、そこでは「あなたは心の豊かさを主に考えますか？　それとも物の豊かさを主にかんがえますか？　どちらに優先順位がありに考えますか？

ますか?」が問われています。対象は全国の二〇歳以上の者約一万人です。この結果を見ますと、昭和五三年（一九七七年）の場合は、「心の豊かさに重きを置きたい」という人と「物質的な豊かさに重きを置きたい」という人が、各四〇%ずつで、同じ割合でした。残りは不明です。

ところが、それから二〇年後の一九九七年には、「心の豊かさに重きを置きたい」という人が、五六・三%、「物質的な豊かさに重きを置きたい」という人が三〇・一%というように、変化しました。つまり、高度経済成長の歪が出ている時代において、人びとは「物質へのこだわり」から「心の豊かさ」を求めるという価値観変化の方向性が大きく増大しているということです。この方向性は、高校生を含む若者も共有しているように思われます。「心の豊かさ」を若者も大人も求めているにも関わらず、その内容が何かわからない、それを明らかにする道筋がわからない。だから自己中心主義的に生きるという傾向が強まることにならざるをえないのです。日本の高校生と米・中の高校生の価値観の差はここに原因があるのではないでしょうか。

若者のこのような傾向は、実は大人にもあるのです。実際に、龍谷大学名誉教授の信楽峻麿先生からお聞きした話を紹介させていただきましょう。

二　「忘恩」をもたらす「自己中心主義」

老人ホームで、ある方のお父さんが亡くなられました。息子さんは会社に勤めておられました。そこで、老人ホームの所長さんが、息子さんの勤務先に電話をいたしました。「残念ながら、お父様はお亡くなりになりました。つきましては、○○日にお葬式をしたいと思いますので、どうぞお越しになってください」。すると息子さんは、「急に言われても、仕事が忙しいので行けません」と申されたそうです。

死というものは、突然やってくる場合が多いものです。息子さんは、人間の死を、仕事と同じように考えていたのでしょうか。老人ホームの所長さんは、「お葬式に来られないのなら、こちらでやらせていただきます」と答えられ、お葬式をおこないました。ところが、息子さんは「遺骨」を取りに来てくれません。所長さんもお困りになり、息子さんに電話をされました。「お骨を預かったままですので、取りに来ていただきたいのですが」。すると、「いま、仕事で手を離せないので、困りましたな。行けませんね。じゃあ、宅急便で送ってください」と息子さんは言ったそうです。

でも、これはまだいい方で、「お骨はいりませんから、粗大ごみで捨ててください。父の通帳だけは、速達で送ってください」という話が本当にあったと、信楽先生は申されました。

このような話を、ご年忌法要のおりに法話のなかで触れますと、ご門徒さまのなかに、「それはよくわかります」とおっしゃる方がいらっしゃいました。その方が「噂話」として聞いたという、次のような話をしてくれました。

四日市の西方に「湯の山温泉」があります。その温泉は、海抜一二〇〇メートルの高さの御在所岳のなかにあります。この山では、自死される方が一年に一人、二人はあるそうです。あるとき、「首をつって亡くなった人がいる」という電話が警察にかかってきたので、警察は地元の消防団と一緒に現場に行きました。警察と消防で遺体をおろし、身元確認の為、ズボンのポケットを捜すと、住所と電話番号を書いた紙が出てきました。そこでさっそく、そこに電話をしました。「お身内の方だと思いますが、御不幸なことになりました。つきましては、至急こちらまでお越しください」。すると電話口に出た方は、こうおっしゃったそうです。「その人は、確かに昔は関係がありましたが、今では縁もゆかりもありません。後のことは、そちらでお願いします」。そういって、電話は切れました。「冷たい人だなあ」と思いつつ、さらに調べてみると、胸のポケットから茶封筒が出てきました。中を見てみると、一〇〇万円が入っていました。そこで、もう一度電話をしました。「申し遅れましたが、実は胸のポケットに一〇〇万円入っていました」。すると答えは、「すぐ行きます」だったそうです(笑)。「また聞き」の「噂話」ですので、真偽のほどはわかりませんが、ほぼそのような話でした。

これらの話は、子ども・若者の身勝手さを非難する前に、大人の方もかなり身勝手・自己中心主義であるということを示しています。

もう一つ、大人の身勝手、無責任さを示す話をしたいと思います。これも、信楽先生からお聞きした富山県の話です。富山県は真宗門徒の多い地域ですから、学校の給食でも、皆が合掌して「いただきます」と言います。ところが、大阪から引っ越してきた若いお父さんが、クレーマーとなって、学校へ怒鳴り込んできたのです。「公立学校では、宗教教育はやってはいけないことになっている。なのに、なぜ合掌礼拝して『いただきます』といっているのか。公立学校で宗教教育をしていいと思っているのか」。その学校では、「そう言われたら、そんな気もする」ということになり、職員会議を開きました。しかし、いい対応策が出ず、「校長先生一任」ということになりました。校長先生も困って、県教委に訊ねました。県教委も答えが出せず、県議会に提案することになりました。県議会で議論になりましたが、「『いただきます』の合掌礼拝は、宗教行事だからやめましょう」という結論になりました。

そうなると、「いただきます」と言わずに食べることになりますから、現場の先生方も困ってしまいました。「黙って食べ始めるのも、なんだか品がない。かわりに、太鼓でも叩こうか」。そんな話も出たそうです。結局、「チ～ン」と鉦を叩いてから、食事をするようにしたのですが、ある先生が調べたところ、イギリスで牛に餌を与えるときに、鉦を「チンチン」と叩くことが分かったのです（笑）。情けない話ですが、大のおとながそんなことをやっているのです。

つまり、ご信心の問題をほったらかしにしておくと、そういう非人間的なことが起きるということですが、昔はどうだったのでしょうか。テレビもラジオもなかった時代に、人びとは、親の恩や仏の恩など、ありがたいことをおもいながら過ごしていました。その基軸となったのが、お説教や民話なのです。では、その具体例として、韓国の民話をお話しさせていただきます。

三　韓国民話「木こりとキジ」における「恩」

韓国に「木こりとキジ」という民話があります。これは一〇年ほど前に、私が友人と一緒に『アジアの民話』（同時代社）を翻訳いたしましたが、そこに納められている話です。この本はよく売れて、現在は絶版となっております。では、そのあらすじを申し上げます。

昔々、韓国のある村に一人の木こりがいました。ある日、いつものように山へ木を伐りに行きましたところ、道に迷ってしまいます。あちこちうろうろしておりますと、突然、けたたましいキジの鳴き声が聞こえてきました。「何だろう?」と思いながら、鳴き声のする方へ行きますと、母キジが羽を広げて威嚇しているではありませんか。その先を見ると、大きな白蛇が木を登ってきて、雛鳥を襲おうとしていました。母キジは必死になって威嚇しますが、蛇はキジぐらい何とも思わず、しだいに距離を詰めてきます。

それを見ていた木こりは、キジがかわいそうになって、白蛇に言いました。「助けてやれ。こんな小さなキジを食べなくても、他に獲物はあるだろう。何とか助けてやってくれ」。しかし、白蛇は言うことを聞きません。どんどん接近してきます。ふと、下を見ると棒切れが落ちていました。「これ以上近づいたら、この棒でお前を叩き殺すぞ」。木こりは、そう叫びましたが、白蛇は平気で、さらに距離を詰めてきます。そして、いよいよ鎌首を後ろに引いて、攻撃しました。そのとき、木こりは棒を振り下ろしました。棒は白蛇の頭に当たり、頭は砕けて白蛇は、地面に落ち死んでしまいました。母キジはとても喜び、木こりの肩に止まって、ふかく感謝の気持ちを表わします。その後、木こりはどうにか山を下りて、自分の家にたどり着きました。

そんなことがあって、一週間、一ヵ月、三ヵ月、やがて一年がたちました。こんな出来事があったことも忘れていたころ、木こりはまた山で道に迷ってしまったのです。日はとっぷり暮れ、どうにもなりません。「困ったことになった」と思いながら、周りを見ておりますと、少し先に小屋があり、灯りが見えます。「あそこで、一晩泊めていただこう」。そう思って、小屋に近づき、戸をノックしました。すると、戸が開いて、色の白い、髪の毛の長い、藤原紀香をちょっと細くしたような（笑）、歳のころ二七、二八の娘さんが出てきて、「アンニョンハセヨ（こんばんわ）」と言いました。

木こりは言いました。「実は、道に迷いまして、日が暮れてしまいました。決してご迷惑はおかけしません。土間で結構ですので、一晩休ませていただけませんか」。そう頼みますと、その色白のべっぴんさんは、「どうぞ、おあがりください」と言ってくれました。

部屋のテーブルには、ご飯とキムチが置かれていて、「どうぞ召し上がってください」とその娘さんは勧めてくれます。空腹の木こりは、そのご飯とキムチをいただきながら、不思議に思いました。「なぜ、こんな山奥に、標準語を話す美人が一人でいるのだろう?」。その訳を聞こうと思いましたが、とても疲れていたため、お箸を持ったまま、倒れ込むように眠ってしまいました。

真夜中に、ふと目を覚ましましたが、体が動きません。手を動かそうとしても動きません。「どうしたのだろう?」と思っていると、暗闇のなかでも、だんだん目が慣れてきました。すると、大きな白蛇が木こりの体をぐるぐる巻きにして、その長い舌で木こりの顔をペロペロ舐めているのです。

「私はお前に殺された白蛇の亡霊だ。この機会をずっと待っていたんだよ。いよいよ、お前に復讐をする時が来た」。白蛇はそう言って、口を大きく開きました。木こりは、「ああ、もうこれで終わりだ!」と思いましたが、勇気を奮って次のように言いました。

「ちょっと待ってほしい。私はお前が憎くて殺したのではない。『やめろ、これ以上近づいたら、棒で殴るぞ』と警告したが、それを無視したため、殺されてしまったのだ。だから、私にも、助かる同じチャンスをくれ。私は命など惜しくはない。『とぐろ』を解いてくれたら、年老いた母と幼い息子と妻に別れを告げ、戻ってきて食われてやる」。

しかし、白蛇はその頼みを聞き入れてくれません。それでも、何度も木こりが頼みますので、白蛇は応えます。「ならば、一つだけチャンスをあげるよ。この山を少し登ったところに寺がある。そこには、鐘楼がある。その鐘を、夜明けの朝の光がさしてきたときに鳴らせば、お前の命を助けてやろう」。

そこでさっそく木こりは、体に巻きついた白蛇を引きはがそうとするのですが、白蛇はそれに同意しません。「解いてくれなければ、鐘を鳴らしに行けないじゃないか」と木こりが言いますと、白蛇は次のように言ったのです。

「誰が解いてやると言った？　このままで鐘を鳴らすんだよ」。それは不可能なことですから、木こりは「ああ、もうだめだ」と思って、お念仏を称えはじめました。白蛇は、相変わらず、顔をペロペロと舐めてくれます（笑）。「南無阿弥陀仏」と称えていても、生きた心地がしません。

そのうちに時間も経過し、いよいよ朝の最初の光が戸の隙間から差し込んできました。白蛇が、「さあ、いよいよ終わりだね。これからお前を飲み込んでやる」と言って、大きく口を開いて、木こりを飲み込もうとしました。その瞬間、カーンという鐘の音が聞こえ、さらに弱くもう一度聞こえました。その音を聞くと、白蛇は怒りに震えて、巻きつけていた「とぐろ」をさっとはずして、一瞬のうちにどこかに行ってしまいました。五分たっても一〇分たっても、戻ってきません。

木こりは不思議に思いました。「あれ？　もしかしたら、怖い夢を見ていたのではないか。でも、夢か現実か、それを見分けるには、本当にお寺の鐘楼があるかどうかを確かめねばならない」。そう考えて、朝露をかき分けながら山を登ります。すると、お寺と鐘楼が現実にあるではありませんか。鐘楼の撞木（鐘つき棒）の上には枯葉と虫の死骸が乗っていました。誰も撞木を突いた形跡がないのです。「なぜ、鐘が鳴ったのだろう？」と思って、眼を近づけると、鐘の側面に血がべっとりと付いていました。ふと、下を見てみると、肉と羽と骨の塊がありました。

木こりは、そこに跪き、その遺骸に向かって頭を下げ、はらはらと涙を流しました。朝日はあたり一面を血のように、真っ赤に染めていました。答えるものは、何もありませんでした。この話は、ここで終わっています。

四 「恩」の意味とは何か、またそれはどのようにして得られるのか

この「木こりとキジ」という民話が語っているのは、「なされたることを知る」ということです。「なされたることを知る」というのは、一〇〇円借りたら、一〇〇円返すということでなく、「身を粉にし、自分の命を砕いて」返すということ、命よりも大切なものなのです。

この話はよく構成されています。まず、舞台にお寺が出てきて、恩を教えています。そして、登場人物を見てみますと、白蛇が出てきます。実は、この白蛇は諸仏なのです。諸仏が悪役を演じてくれたのです。鳥も諸仏です。白蛇とキジが役割を演じなかったら、恩は人間に迫るものにはなりません。この民話では、白蛇・キジが、そのような具体的な感覚器官の対象となって、われわれに恩とは何か、恩の真実は何かを示してくれるのです。

現実世界をはるかに離れた絶対的世界に存在する色も形もない「真如」、「法性法身《ほっしょうほっしん》」は、それ自体では働くことができず、時空間的世界に「方便法身《ほうべんほっしん》」となって、具体的な姿を現して、衆生を救済します。「法性法身」と「方便法身」とは不二一体の関係にあります。われわれは、諸仏を通して仏の呼び声を聞くのです。われわれが真実を把握するのは、方便法身、具体

的な姿をとったものを通じてなのです。たとえば、親や我が子が亡くなりますと、悲しくて、誰でも涙を流します。それは私の涙であると同時に、仏の涙でもあるのです。そのようにして、仏はわれわれの前にお立ちになり、語りかけられるのです。この民話は、「恩」、すなわち「なされたること知る」というのは、仏によってなされた「救済」を、いかに困難であっても自己の身をもって「利他」行として実践していかねばならないことを、具体的に語っているのです。

では、恩の本質をどのようにして知ることができるのでしょうか。それは智慧によってであります。智慧とは、インドの言葉で「プラジュニャー」と申しまして、「(自分の)内を見ること・知ること」を意味します。古代インドのサンスクリット語では、「知ること」は「ジュニャ」ともうします。ギリシャ語の「グノーシス」は、知識を意味します。英語のknowは「知る」という意味ですが、これは「グノー」が清音化して「クノー」となり、「ノー」となったものです。GとJは同じで、Georgeという名前は、英語ではジョージと発音されますが、ドイツ語ではゲオルゲと発音されます。つまり、「知ること」はインド・ヨーロッパ語では語源的に同じ言葉なのです。「プラジュニャー」が自己の内を知ること・見ることであるのに対して、「ヴィジュニャ」は「自己の外(ヴィ)を知ること・見ること」

であり、科学を意味します。「内」を見る眼がなければ、「恩」の本当の意味は理解できないのです。しかし、自己の「内」を自分で見ること、自己の本質を見ることは不可能なのです。なぜなら、「煩悩」という自己中心主義・エゴイズムが真実の自己を見ることを妨げるのです。それは、自己を超えた他者としての絶対者・仏による「智慧の光」に照らされなければ、自己の本質は見えません。仏の智慧の光に照らされて、「内」を見ることによって醜い、あさましい自己が見えるのです。そして、「救われないあなたを救いましょう。そのために、わたしはここに居るのです。お念仏を申しなさい」という仏の呼び掛けに頷くとき、その自己を救済する仏の恩の意味が分かるのです。それは自分が仏の懐に抱かれて、自分を見ているという現実です。このことによって、わたしは煩悩の塊であることがわかり、そこからの脱却を仏が可能ならしめたという「めざめ」が得られるのです。親鸞聖人は、仏の智慧の光に照らされることによって得られるこの「めざめ」を信心と呼んでいます。

五　智慧と学問の違いを示す民話「愚かなバラモン」

智慧は自己の内に向かう知のあり方であり、学問は自己の外に向かう知のあり方であることはすでに述べた通りです。学問があれば、自動的に智慧は生まれるのでしょうか。智慧がなければ、学問は空虚なものになり、身の破滅をもたらすということを説いた民話がインドにはありますので、その紹介をさせていただこうと思います。その民話は、二〇〇〇年ほど前のもので、インドでは現在、小学校低学年の教科書に、「愚かなバラモン」という題でヒンディー語で掲載されています。そのあらすじをご紹介いたします。

昔々、インドのある村に四人の子どもが仲良く暮らしておりました。やがて、学齢期になり、ベナレスの学校へいくことになりました。四人の内、一人は出来が悪くて、学問が身に付きませんが、後の三人はとてもよくできる子どもです。この四人は、無事、学校を卒業し、帰郷することになりました。

その途中、大きなジャングルがありました。そこを歩いていると、道に動物の骨があちこちに散らばっていました。それを見たひとりの若者が、言いました。「これは、われわれの学問が本物かどうかを点検する、最終的な試験ではないだろうか」。そこで、生物学が得意の若者が骨を正確に並べ替えて、ある動物の骨格を再現しました。すると、二番目の若者が言いました。「私が妖術を使って、ここに肉と皮を復元しましょう」。そして、マントラ（呪文）を称えました。すると、ある動物が出来上がりました。それを見て、一番優秀な若者が言いました。「私はこれに魂を吹き込む」。その言葉を聞くと、それまで黙っていた、出来の悪い若者が言いました。「それはやめてほしい。この横たわっている動物は、トラじゃないか。このトラに魂を吹き込めば、私たちが食われてしまう。そんなことをやってはならない」。

ところが、一番優秀な若者が、せせら笑って言いました。「だから、お前はバカなんだよ。このトラは、われわれが創りだし、支配しているのだから、そんなことはできっこない。われわれがいのちを吹き込めば、われわれの言うなりになるはずだ。そこまでやらないと、学問は完成しないんだ。それを邪魔するお前は、学問の敵だ」。

いろいろ話し合いましたが、まとまりません。そこで、出来の悪い若者は言いました。「ならば、やってください。ただし、あなたが魂を吹き込むまえに、私をこの木に登らせてほしい」。そう言って、近くの大木に登りました。そして下を見ていました。木の下では、三人の若者が、トラを前にしています。一番優秀な若者がトラに魂を吹き込む呪文を称えますと、不思議なことに、トラがぐっと起き上がりました。前を見ると、三人の若者がいます。トラは三人に襲いかかり、食い殺してしまいます。そしてその場を去ってゆきました。最も出来が悪いと言われていた若者は、それを見届けてから木から降り、ジャングルに消えていきました。

実はこの若者は、お釈迦さまがこの世にお生まれになる前の姿であると言われています。この民話の要点を示せば、次のようになります。

「自分が今やっている、その姿を突きはして、客観的に見てみよ。そこにはあなたの願望・自己中心的な『独りよがり』があるではないか。あなたは、学問によって自分のエゴを合理化していませんか。学問だけでは、だめですよ。自分を突き放して見る、もう一人の自分を育てなさい。そのことによって、自分の人間として生きる道筋を見よ」。

それはつまり、自己を超えた超越者の智慧の光に照らされよということです。阿弥陀さまの、智慧の光に照らされて、後ろを振り向くと、暗い影ができているのに気づかされます。闇のなかでは、暗い影は見えません。智慧の光に照らし出されてこそ、自分の暗さ、愚かさに気付かされるのです。この暗い影こそ、自分の本質なのです。このことに気付かされることによって、今までとは違った新しい生き方にめざまされます。古い自己が崩壊し、新たな自己に転じられていく、その「めざめ」を親鸞聖人は信心と呼んでいます。親鸞聖人は「御消息」のなかで、次のように言っておられます。

「信心といふは智なり。この智は、他力の光明に摂取せられまゐらせぬるゆゑにうるところの智なり。仏の光明も智なり。かるがゆえにおなじといふなり。おなじといふは、信心をひとし（等）といふなり。〔仏の光明は、われわれに差し向けられる智慧である。それが信心だ。その信心の内容においては、仏も私も同じである〕」（親鸞聖人御消息13『浄土真宗聖典』本願寺出版社、七六五頁、一九九七年）。

また親鸞聖人は次のようにもおっしゃっておられます。

「光明寺の和尚《かしょう》（善導さま）の『般舟讃《はんじゅさん》』には、『信心のひとは、その心すでにつねに浄土に居《こ》す』（意）と釈したまへり。『居す』といふは、浄土に信心のこころつねにゐたり、といふこころなり。これは弥勒《みろく》とおなじといふことを申すなり。これは等正覚を弥勒とおなじと申すによりて、信心のひとは如来とひとしと申すこころなり」（親鸞聖人御消息2『浄土真宗聖典』七五九頁）。

親鸞さまが申しておられることの趣旨をまとめると次のようになります。

「われわれは、信心を得ると、心は阿弥陀さまと同じになる。五六億七〇〇〇万年後には、仏となることが決定している弥勒菩薩は、信心をいただいた私と同じである」。

信心を得ても、現世に生きている私は、仏と同じではありません。なぜなら、われわれには煩悩があるからです。その煩悩が滅したとき、つまりこの世での生をおえたとき、信心をいただいておれば、われわれは仏となる。現世において、智慧の光に照らされ、信心を得て、迷いに退転しないところに位置づけられれば、たとえ明日に死のうとも、どうということはない。そのまま真実世界への道を歩み続け、命終われば仏となる。それが浄土往生を遂げるということなのです。往生浄土のスタートは、自分の間違ったものの考え方が崩壊し、仏とともにいる新しい自分が生まれるところから始まる。これは死んでからではなく、この現世なのです。そのことにめざめることを親鸞聖人は「信心を得る」とおっしゃっているのです。

そう考えますと、智慧は自分を突き放して見る、もう一人の自分を生み出し育てるものであり、この「もう一人の自分」というのは、仏の懐に抱かれた、仏とともにある自分です。それが自分を見ることであり、そうすることによって自己が変容し、新たな人間に転ぜられていくのです。ではわれわれを狂わせていた煩悩はどうなるのでしょう。信心を得ると、煩悩はわれわれを魅力的な人間へと高めるものに変わるのです。煩悩は、渋柿の渋のようなものだと言われています。仏の智慧の光のような「秋の陽光」に照らされて、渋柿の渋は、そのまま甘さに転ぜられます。われわれの煩悩が多ければ多いほど、それだけつるし柿・干し柿は甘くなるのです。だから、煩悩があることは少しも恥ずかしいことではないのです。

しかしながら、現実から眼をそらしたときには、「渋」が「甘味」に転ぜられることはないのです。でも、仏さまは、つねにわれわれを、どこまでも見捨てることなく、照らし続けておられるのです。わたしたちは、現実に正面から向き合い、現実と格闘し続けるとき、仏の智慧の光に照らされていることを実感し、仏の呼び声「南無阿弥陀仏」が聞こえるのです。その前に開かれる世界が、信心の世界ではないでしょうか。

六 「まとめ」にかえて——智慧・恩を学ぶ場としての寺院

お話してきました、このような智慧、恩はどこで学べばいいのでしょうか。その場として考えられるのは、学校・家庭・地域があります。家庭の「家」の「うかんむり」は、屋根を示し、その下の文字は「豚」を表わしているそうです。つまり、「屋根があって、その下に豚がいる」姿です。「庭」の「廷」は、秩序に基づくことを意味します。つまり、家庭とは、豚小屋のように互いに罵り合い奪い合うのではなく、秩序に基づき、相互に尊敬しあう場であるということなのです。この話は、信楽先生から教えていただいたものです。

でも、現実の家庭はどうでしょうか？ そうはなっていませんね(笑)。そこがいいんです。そうなっていないということに気付けば、変えていけばいいのです。何もかもがうまくいっているのは、楽しくないですよ。面白みがありませんからね。

学校はどうでしょうか。「学」は、旧字体では「學」と書きます。「わがんむり」の上にある部分の初めの「×」は先祖の文化を学び、二つ目の「×」は友と交わることを意味し、二つの「×」を取り囲む「 」は両親・地域の人が手を携えて守ってくれることを意味しますが、現実はそうなっていませんね(笑)。その下の「わがんむり」は屋根を示し、その中心に子どもがいるのです。子どもが「学び」の中心に位置づけられねばならないのですが、現実はそうなっていませんね（笑）。この話も、私が発見したのではなく、教育学者の佐藤学教授が岩波ブックレットで述べておられた「受け売り」です。

では寺はどうかというと、本来は地域の中心の役割を果たさなければならないのに、残念ながら、そうなっていません。「如来大悲の恩徳は、身を粉にしても報ずべし。師主知識の恩徳も、骨を砕きても、謝すべし」というご和讃は、私への厳しい問いかけでもあります。「袈裟をかけ、仏の言葉を語っているが、ほんとうにあなたは寺の機能を地域で生かしているのか？」という問いかけなのです。その問いかけが腹の底に落ちれば、前進は可能なのです。私一人ではなく、地域のご門徒さまの、諸仏としての励ましがあるからなのです。これは、学問をすることによって、自動的にでてくるものではありません。

最初にも申し上げましたように、仕事や勉強を一生懸命やっていても、それだけでは不十分なのです。智慧が欠けていては、信心が欠けていては、むなしい人生なのです。「モノの豊かさではなく、心の豊かさがほしい」という叫びに応える場を寺は提供し、智慧の光に照らされる喜びを得ること、信心をたまわることこそが、心の豊かさをえることの要になることを語りつづけねばなければなりません。信心を得て、人と人との繋がりを感じ、苦悩の現実生活を真実の喜びにあふれた生活へと転じていくことが大切です。蓮如上人が申された「信心をもって本とせられ候」というのは、信心を基軸にせよということです。本日の報恩講を、信心の意義と自分の生活を繫ぎ、あじわう場にしていただきたく存じます。

では、蓮如さまの御文章を拝読させていただきます。

聖人一流の御勧化のおもむきは、信心をもつて本とせられ候。そのゆへは、もろもろの雑行《ぞうぎょう》をなげすてて、一心に弥陀に帰命すれば、不可思議の願力として、仏のかたより往生は治定《じじょう》せしめたまふ。そのくらいを、一念発起《いちねんぽっき》入《にゅう》正定《しょうじょう》之聚《しじゅ》（現世において信心が起こったそのとき、命終われば仏となる方々の仲間に入る）とも釈し、そのうへの称名念仏は、如来わが往生をさだめたまひし、御恩報尽の念仏とこころうべきものなり。あなかしこ、あなかしこ。（御文章五帳10『浄土真宗聖典』一一九六～一一九七頁）。

南無阿弥陀仏、南無阿弥陀仏。

御清聴ありがとうございました。（全員の念仏合掌の声）

Q & A 質問に答える

Q1 私は、自分の死について不安と恐れを感じます。この克服は可能でしょうか?

Ⓐ どれほど、医学・科学技術が進歩しても、人間は例外なく死を迎えます。科学・医学では永遠の命は得られません。ならば、死に怯えず、死を悠々と乗り越えていける「ものの考え方」を得るしか他に方法はありません。そのような価値観を譬えで説明しましょう。

今までに食べた料理で、一番おいしかったものを想像してください。それ以上においしい食事に出会ったとしましょう。その場合、以前に一番おいしかった料理は、色あせてしまいますね。これと同様に、死の恐れを抱いていても、今まで感じたことのない、自分にも納得のいく、すっきりした「ものの考え方」が腹の底に落ちた時、死の恐怖は大きな意味を持たなくなります。このことを教えてくれるのが宗教です。

われわれ現代人は、「生」と「死」を二分化し、「生」は素晴らしく、「死」は冷たく恐ろしいものであると考えがちです。しかし、人間は生きつつあると同時に死に向かって歩んでいます。「死」の問題は、「生」の問題でもあるのです。大乗仏教では、両者を分離することなく、「生死《しょうじ》」という一体の概念で捉えます。

仏教では、人間の苦悩の原因は、煩悩という「自己中心主義」にあるとされます。では、そこからどのようにして、解放されるのでしょうか？　阿弥陀さまは、私たちに語りかけているのです。「あなたを苦しめているのは、自己中心主義ですよ。それが『わが命』の永遠性を求めさせているのです。その現実にめざめなさい。この呼び声を受け止め、それが腹の底に落ちれば、生死というこの現実世界にくらしつつも、そこから主体的に脱していける道がみえます。その道はこの現実世界、生死の世界の中にあるのですよ」。

この呼び声にめざまされたとき、煩悩に振り回されることのない、新たな人間に生まれ変わります。阿弥陀さまは、智慧の光でわれわれを照らしてくれます。そして振り向いて自分の影を見て、「この私」は自己の「くらさ」、自己中心的愚かさにめざめるのです。

このような「めざめ」を親鸞は信心と呼びます。この「めざめ」は、苦悩の解決を願うという問題意識を持って、現実に正面から向き合うことによって得られます。また、同時に、お寺で説教を聞いたり、現実に地域共同体や職場の一人として、身近な方の葬儀に参列し、その死を共に悼むという体験を重ねて行くことによって、生死を超える方向性はおのずと明確になります。お念仏のありがたさに感謝し、自己の死を喜んで受け入れられた方々に私は出会っています。これらの方々は、「生死」を突き破る深い感動を与えてくれたのです。

Q2 宗教間の対立は、パレスチナとイスラエルのような戦争をもたらすのでしょうか?

Ⓐ 宗教が戦争の直接的原因になることは、まずありえません。もしそうだとしたら、すでに最終勝利をおさめた、最強の宗教しかこの世に存在しないことになります。パレスチナとイスラエルの対立は、宗教によって引き起こされたものではありません。近代ヨーロッパ世界におけるユダヤ人排斥運動が、結果的にパレスチナ地域に、ユダヤ人「国家」を創らせることになり、そこに暮らしていたアラブ人をその土地から暴力的に追い出したのです。これが対立の始まりです。ヨーロッパにおける「イスラーム」運動も、南アジア、トルコ、中東からの移民に対する経済的政治的差別・抑圧が生み出したものです。これらの差別・抑圧された人びとは、比率的にはイスラーム圏世界の人びとが多数派を占めています。彼らが連帯の思想として、国・地域を超えた、普遍性をもつ「イスラー

ム」を選択するのは不思議ではありません。世界のイスラーム文化圏の圧倒的多数の人びと、アメリカに暮らす多くのムスリム（イスラーム教徒）がアメリカを憎むのも、その強引な軍事力を伴うグローバル支配が存在するからなのです。しかし、「イスラーム」思想による連帯を生み出したのは、欧米社会の経済的政治的現実であることを見落としてはなりません。

社会的・政治的差別が強化・持続しますと、弱者の側は連帯の要となるアイデンティティを求めます。その役割を宗教が果たす場合が多くみられます。なぜなら、宗教とは「総合的な生活の仕方」であるからです。抑圧・差別する側も、自己のアイデンティティを求めます。その場合も、宗教が大きな役割を果たします。かくして、政治的対立は、宗教対立の形態をとることが多いのです。一旦そのような状態が生まれますと、宗教はさらに人びとを扇動する役割を果たします。多宗教共生社会が数百年続いていたユーゴースラビアにヨーロッパ的な「近代主義」、弱者切り捨ての自己中心主義が勢力を得ることによって、「民族浄化」という殺戮が起きました。またアメリカでは、キリスト教原理主義が歴史的に大きな政治的力を持っていて、宗教の名のもとに侵略戦争を合理化してきました。かつて、アメリカは社会主義をキリスト教に敵対するものとして、悪魔呼ばわりしていましたが、現在では、イスラームがそれに替わりました。

本来、宗教は共通に平和の実現を基軸にしています。宗教間の違いを強調するより、共通性を重視し、宗教間対話を進めて、共に平和実現の行動をすることが必要であると思われます。イベリア半島では、キリスト教徒、イスラーム教徒、ユダヤ教徒による数百年の平和的共生の歴史があることを見れば、多宗教共生社会の実現は可能なのです。

Q3

私の父親は、山陰地方の出身で、東京に出て働きました。父親は高齢ですが、今も元気で、私たち家族と一緒に東京で暮らしています。私は東京生まれで、東京で生活しています。父親は三男でしたので、実質的に故郷とはあまり深いつながりはありません。私も、定年ま近かになり、仏教に関心が湧いてきましたが、お寺との繋がりは全くありません。どこかのお寺の檀家にしていただきたいのですが、どうすれば可能でしょうか?

A

お寺の檀家(門信徒)になるのは、それほど難しいことではありません。仏教の場合、いずれも多くの派に分かれています。ですから、まず自分の家の宗旨・宗派を確認された方がいいでしょう。檀家制度は、江戸時代中期に形成されたもので、長い歴史的伝統を持っています。檀家制度には問題点がないわけではありませんが、この制度によって、仏教は実質的に「国教」となり、日本中の人びとが特定の寺院と関係をもつ「仏教徒」となりました。お父様にお聞きすれば、どのような宗派のどのような寺院の檀家・門徒であるのかが分かります。それでも不明であれば、親戚に訊ねるという方法もあります。これらを訊ねることによって、自己のルーツがわかり、家族を歴史的に支えてきた文化などが分かり、土着文化に根ざした自己のアイデンティティ形成に大いに役立つと思います。

家族の菩提寺《ぼだいじ》・手次寺が分かれば、ぜひ一度訪れて、住職とお話しされることをお勧めします。日ごろの御無沙汰をおゆるしいただいて、その寺院の檀家として生きていきたいとお願いすれば、こころよく了解がえられるでしょう。また、遠方の為、今後の法要に住職が出かけることが不可能な場合、あなたの近隣のお寺を紹介していただいたり、その他の解決方法を教えていただけるでしょう。

故郷の菩提寺《ぼだいじ》・手次寺が不明な場合でも、自分の家の宗旨・宗派が分かっていれば、近隣でその宗派のお寺の信徒として、受け入れてもらう道があります。この場合、そのお寺のお世話をしておられる方のご紹介があると、比較的スムーズに事は運びます。あるいは、近隣のその宗派の別院に訊ねるのもいいと思います。

上記のことが全く不可能な場合、自分に関心のある仏教宗派の寺院でおこなわれる法要、例えば、「永代経」「報恩講」などに参詣し、納得ができれば、直接そのお寺にお願いする方法もあります。浄土真宗をはじめ、伝統的仏教寺院には、カルトの恐れはありませんから、基本的に心配はありません。

お寺の檀家・門信徒となった場合、年会費的なものは必要となりますが、常識的な金額ですからご心配はいりません。その他、大きな改修工事が進行している場合など、お寺によっていろいろ異なる点もあるでしょうが、お尋ねになれば、ちゃんと説明していただけます。

Q4

最近、私は長男を死産で亡くしました。生まれる一ヵ月前まで、異常はありませんでしたが、へその緒が首に巻きつき、窒息して死産となったのです。私は、誕生のために準備しておいた産着の上に、遺骨を載せて毎日、合掌し涙を流しています。今も、涙は止まりません。どうすれば、この悲しみを乗り越えることができるでしょうか?

Ａ　ご心中お察し申し上げます。身内の死は、精神的に想像を超えた大きな悲しみと苦痛を与えます。まして、小さな我が子のいのちの誕生の期待を一瞬のうちに奪ってしまう、死の悲しみ、痛みは例えるものがありません。

生身の人間が、苦悩している人間の苦を抜くことは不可能です。宗教的には、それは人間を超えた絶対者にしかできません。人は、我が子の死に直面し、涙を流します。その涙は、この「私のもの」だという強い思いを持ちます。しかし、それは「私の涙」であると同時に、「仏の涙」でもあるのです。仏さまは、私に寄り添って、共に涙を流しているのです。仏は超越的世界に留まっているのではなく、時空間を突き破って、あなたの涙となって、衆生救済の姿を現すのです。また、その涙は、諸仏の一人となった我が子の涙でもあるのです。その涙は、語りかけてくれます。「お母さんの悲しみは、私の悲しみです。しかし、阿弥陀さまが申されているように、この悲しみを縁として、悲しみを独占するという自己中心主義の愚かさにめざめてください。そして新たな人間へと育っていってください」。

我が子の死の悲しみを実践的に乗り越えるには、時間がかかります。辛く、苦しいことであろうと思いますが、その悲しみを自分の心の中だけに留めないようにしてください。苦悩を乗り越えるためには、身内、親しい人びと、お寺さまと、ゆっくり何度もお話しされることをお勧めします。初七日から四九日法要、一周忌、三回忌、七回忌などの法要の意味は、このような長期にわたる「深い悲しみの治癒」であるのです。

我が子の死の悲しみを縁として、それを乗り越え、人間的に成長をとげるには、かなりの時がかかります。しかしそれは必ず可能であることを私は確信しています。私の寺のご門徒で、あなたと同様の体験をされた女性がいます。悲しみも癒えたとおもわれるころ、新たな「いのち」が授かり、亡くなられたお子さんの三回忌が勤められました。その時、赤ちゃんを抱っこしているお母さんに、私は次のように申しました。

「新たないのちが授かって、よかったですね」。すると、こう答えられました。「この子が生まれて、本当によかったと思います。でも、我が子を亡くした悲しみは、なくなった訳ではありません」。

我が子を亡くした悲しみを抱きつつ、その悲しみに仏の呼び声を聞きつつ、生きることへと繋いでおられる姿に、私は深い感銘を受けました。

Q5

私は後期高齢者となり、お墓のことを考えるようになりました。郷里には私の生家のお墓があり、兄が管理していてくれます。私が亡くなったら、そのお墓に入ることができるのでしょうか？　あるいは、私が亡くなる前に新たに、自分の墓を建立すべきでしょうか？　そもそも、墓は建立しなければならないのでしょうか？

A　お墓についてのしきたりは、地域・宗旨・宗派によって大きな違いがあります。私の暮らしている、浄土真宗が非常に優勢な三重県北部の海岸地帯の例をお話ししましょう。この地域では、もし、父母が健在で、兄がお墓の管理をしておられる場合、お願いしておけば、そのお墓に入ることは比較的容易です。しかし、両親が亡くなっておられる場合、分家として新規に墓を建立する場合が多いように思われます。これは、右記地域のお墓について共通に見られる現象であり、恐らく全国的普遍性はないと思われます。この問題については、当該地域の習俗・しきたり・文化を尊重して結論を出されることをお薦めします。お葬式の仕方は、川を超えれば異なると言われますが、お墓についても同じです。

次に、そもそも「お墓は建てなければならないのか」という問いについてお答えします。お金持ちや権力者については、古くからお墓は建立されています。民衆も石塔を建てることは元禄時代には一般化していたようですが、浄土真宗の場合は、「詣り墓」を建てない地域が多くみられます。それは遺骨の一部を本山の御廟へおさめる（納骨）ということによって、御廟、それに繋がる手次寺が、「詣り墓」の役割を果たしているからでありましょう。浄土真宗は、先祖を絶対的礼拝の対象としませんから、これで問題は生じないのです。真宗門徒の墓が多く建てられるようになった時期は、明治以後、戦死者が急増した時期、及び「高度成長期」以降です。それでも、すべての門徒が墓を建てる訳ではありません。「無墓制」とも呼べる宗教文化が、浄土真宗には長きにわたって存在しています。私の生家の場合、歴代住職の墓はありません。そんな文化のなかで育ったためか、私は墓を感覚的にも理論的にも必要としませんが、墓を重視する方の気持ちは十分に尊重しています。

私の少年時代までは、斎場は河川敷かそれに近い場所にあり、火葬後の翌日に、象徴として遺骨の一部のみを収骨し、他は打ち捨てられます。その「お骨」を本山の御廟（納骨堂）に納めますので、精神的わだかまりは生じません。最近、話題となっている樹木葬、散骨には理解を示しつつも、腹の底に落ちないのは、そこには人間の内にある、今を超えたいという宗教的欲求を解決する道が欠けているからではないでしょうか。

お墓を建立すべきか否かを決定するのは、心の安らぎに関わる、納得のいく自己の宗教心であると言えます。

Q6

私の父は九〇歳の高齢で、「寝たきり」状態ですので、葬儀のことを考えるようになりました。私たち家族は、父が亡くなったら、ほんの身内だけで葬儀をしたいと思っています。最近、私は「葬式は必要なのか」と思うようになってきました。葬式には、かなり費用もかかると聞いております。葬式の意味が分かりませんので教えてください。

A

お話の内容はまさに現代社会そのものを映し出しています。高齢化社会によって、定年後二〇年以上の生活の期間を経ますと、かつての関係者との繋がりは、消滅ないしは極めて薄くなります。市場経済の浸透は、すべての関係を「ギブ・アンド・テイク」にかえ、非人間的な金銭化の関係に変形します。「都市化」の浸透は、支え合いと抵抗の基盤となる共同体を崩壊させています。このような現実のなかで、「葬式」の問題が現れるのです。

そこでの「葬式」は、かつてのように、地域共同体が支え、死者を悼み、身近な人の死を通じて生きることの意味を考えたり、多くの人の葬儀参列とその後続けられる多くの法要によって、長い時間をかけて、残された人びとの「深い悲しみの治癒」がなされ、その悲しみを乗り越え、その過程で人間的成長をはかるという道筋が崩壊しています。

私は、できうる限り多くの人が関わる葬儀をした方が良いと思います。「死」は、亡くなった本人と身内のみに関わるものではありません。亡くなった本人は、無数の人とのかかわりのなかで、自己の人生を形成してきたのです。人間は自分ひとりで生まれる訳ではありません。死の場合も同じです。多くの人びとの援助のもとに、葬儀は可能となるのです。

葬儀に人びとを巻き込むのは失礼なことではありません。そうしないことが失礼なのです。「葬儀」「火事」の二つは、「村八分」の場合でも、協力すべきものなのです。葬儀連絡の努力を少しすれば、人が人を呼び、六〇人以上は必ず集まります。面倒かもしれませんが、その行為が人間の連帯を取り戻すことに繋がるのです。参列者の香典は、カンパですからありがたくいただきましょう。他の葬儀の場合に、今度は自ら参列し香典を出せば良いのです。気になるようでしたら、四九日法要終了後に記念品をお送りしたらどうでしょうか。

集会でも、講演会でも、結婚式でも、多くの人が集まれば集まるほど意義深いものになります。結婚式の場合は、喜びがそれだけ増加し、葬儀の場合は、親族の悲しみは緩和され、人生の意味を問うことが皆に共有化され、広がることになるからです。

　私は、現代社会における葬儀とは、今日の「グローバル化された市場経済」唯一主義を打ち返し、人間性、共同体の活性化、人と人との繋がり、市場経済の対極にある「見返りを求めない贈与の経済」を考え、これらを少しでも現実化させる「縁」となるものだと思います。そのような視点が与えられたということこそ、亡くなられた方が仏となられたという意味ではないでしょうか。

Q7 私は理性・科学・民主主義を基軸にして、生きてきました。特に宗教の必要性を感じることはありません。宗教は人間にとって必要なものでしょうか？

Ⓐ　宗教は長い歴史を持ち、現代社会においても存在しています。現代においても、靖国問題、カルト宗教、脳死、葬儀式をおこなわない直葬などを見ても明らかなように、宗教は社会・政治と分かちがたく繋がっています。これらの問題について、明確な態度を示すために、宗教とは何かを理解することは、信仰の有無にかかわらず必要であろうと思われます。

まず、宗教と科学に違いについて見てみましょう。インド思想では、「知る」ということを二つの局面から捉えます。その一つは「自己の外の世界・意識の外の世界を知ること・見ること」であり、これは「科学」と呼ばれるものです。二つ目は、「自己の内を知ること・見ること」であり、これは「宗教」や「哲学」と呼ばれるものです。この二種類の知り方が必要で、どちらか一方を欠くことはできません。この二種類の知り方を備えた存在者が人間であり、その「知」の存在が、人間と動物を区別するものであると言われています。

人間が自己の「内を知る・見る」ためには、認識行為が客観的・普遍的でなければなりません。自己は完全者ではありませんから、自己の内を客観的に見るためには、認識主体が「自己」の限界を知らされ、それを超えることが求められます。そうでなければ、「内を知る・見る」ことが自己の願望によって曇らされます。宗教と哲学は共通性がありますが、宗教の場合、他者としての絶対者・神との関係のなかに人間を位置づけ、救われえない自分が救われる喜びを感じますが、哲学の場合は必ずしも、「智慧」「慈悲（愛）」の象徴としての絶対者・神を前提とするわけではありません。また宗教は、人間個人のみならず信仰共同体・社会と不可分に結びつき、儀式を含めた全体的な生活の仕方でもあります。その点では、哲学よりも領域が広く、対象者が知識人のみではなく広範であるといえます。

宗教は、認識主体のあり方を問い、寛容と他者理解による共生を目指し、智慧・慈悲（愛）によって、現実を突き破る方向性と勇気を提示してくれます。非暴力・非服従を掲げて闘ったガンディーやルーサー・キング牧師を支えていたのは、自己が依って立つ宗教であったのです。彼らは小枝のつぼみを見て、春が近いことを確信したように、高まる民衆の運動に解放の未来を確信したのでしょう。医学や科学は、人間の死を超えられませんが、宗教の提示する人間のあり方・価値観が腑に落ちれば、死の恐れも踏み越えて行けるのです。

科学・理性・民主主義と宗教は対立するものではありません。むしろ、宗教を持つこと、あるいは宗教理解によってそれらは豊かになるのではないでしょうか。もちろん、宗教の側も、科学・理性・民主主義を学び、自己の独善性に陥る危険性を回避せねばなりません。

Q8 私は中学の教員をしています。公立学校では、憲法第二〇条第三項「国及びその機関は、宗教教育その他いかなる宗教活動をしてはならない」とありますが、宗教について一切教えてはならないのでしょうか?

Ⓐ カルト宗教が「マインド・コントロール」によって、若者の未来を奪ったり、閣僚がそろって靖国神社に参拝したり、毎年新年に、首相など有力な政治家が伊勢神宮に参拝して、記者団に政治的抱負を述べることが恒例化し、それが放置されている現実には問題があります。首相の靖国参拝が、アジアのみならずアメリカの批判も受け、アジアの平和を脅かしている現実を見ていると、宗教について国公立の教育現場でも触れるべきであると考える人は少なからずいることでしょう。

憲法二〇条第三項の問題を考えるためには、教育基本法との関連を見なければなりません。教育基本法第一五条の①では、「宗教に関する寛容の態度、宗教に関する一般的な教養及び宗教の社会生活における地位は、教育上尊重しなければならない」と述べられています。②には「特定の宗教のための宗教教育」と「その他の宗教的活動」の禁止が述べられています。これは、第一四条の「政治教育」の場合に、「政治的教養の尊重」と「特定政党支持・

反対の政治教育・その他政治活動」の禁止が述べられているのと共通性があります。

第一五条①②を読む限り、教育の場で宗教について語ることは、禁止されていないと解釈すべきであると思います。事実、日本歴史や倫理・社会の教科書で親鸞、道元、日蓮が取り上げられており、世界史では、キリスト教やイスラームなどの宗教が取り上げられています。文化は宗教と分かちがたく結びついていますから、宗教についての理解がなければ文化を語ることさえできません。国公立学校では、「特定の宗教」のための宗教教育、および「宗教活動」をしてはいけないと述べているだけなのです。これは基本的人権、信教の自由、政教分離という憲法の基本から見て、当然のことです。

では教育現場で何を教えるべきかといえば、まず第一に「宗教と平和・共生」についてであろうと思います。「平和・共生」は宗教全体に通低するものであり、現代の社会的課題と直結するものです。第二は、「宗教と歴史」です。ここでは宗教が歴史において果たした思想的・文化的役割と、宗教が果たした政治権力との癒着関係の批判的説明です。第三は、世界宗教と呼ばれるものの共通の内容の紹介・説明を通じて、単なる原始的な「自然への畏怖」、「死へのおそれ」を克服する方向性の提示です。この紹介・説明は、カルト教から若者を守る課題に繋がるものでなければなりません。これらのことは、「宗教に関する寛容な態度の尊重」の具体的内容となるのではないでしょうか。

Q9 社会主義と宗教は相いれないものでしょうか。両者が対立するものでないのなら、その理由を教えてください。

Ⓐ 一九世紀ヨーロッパにおいて、社会主義を志向する人びとは宗教を批判しました。マルクスが宗教（キリスト教）を批判したのは、反動的なプロイセン王国の存在を合理化するヘーゲルの哲学が当時のキリスト教に依拠していたからです。宗教の教典は、現実逃避、闘いからの逃避、現体制の擁護という立場から解釈される場合と、社会変革の立場から解釈される場合があります。ヘーゲルの依拠したキリスト教は、前者の理解に基づくものでした。宗教はその歴史において、現状体制肯定と現実変革の格闘のなかで理論の現代化・深化をはかってきました。日本における鎌倉新仏教、現代のラテンアメリカに見られる解放の神学、中東地域のイスラーム復興主義などは、その具体例です。あらゆる形態の政治的社会的搾取に抗して立ち上がる人間性の展望を社会主義は持ちますが、このような人間観は宗教と共通のものです。人間は人間であることを捨てることはできません。

人間は自己を意識的存在へと高め、所与のものとしての現状を突き破らねばなりません。

南アフリカでは、人種差別のアパルトヘイト体制と闘うなかで、社会主義者、キリスト教徒、イスラーム教徒、ユダヤ教徒は連帯し、一九九四年にこの体制を打破し、全人種による平等で民主的な南アフリカの建設の道を歩んでいます。思想・宗教の異なる彼らを結びつけたのは、南アフリカの土着の「ウブントゥ」思想であると言われています。「人は人びと（他者）を通して人間となる」というこの思想は、人間になるためには他の人間が必要であること、「私」の人間性は不可分に「あなた」と結びつけられていることを教えてくれます。われわれが異なっているのは、お互いの必要性を知るためなのです。このような考え方は、社会主義思想、諸宗教の基底に存在するのです。それゆえ、異なった者同士が相手のアイデンティティを認めつつ連帯できたのです。その結果、社会主義者は「われわれの闘いの最前列に立つ」人びととして、宗教者を称え、宗教者デズモンド・ツツ大主教は共産党書記長・クリス・ハニを称え、暗殺された彼の葬儀に参列することも可能となったのです。

「ウブントゥ」思想は、われわれが人間になるためには、宗教者は『資本論』などの社会主義思想を学び、社会主義者は『聖書』『クルアーン』『仏教経典』などの宗教思想を学ぶことが必要だと語っているのです。宗教と社会主義は、異なっていることは事実です。しかし両者を「対立関係」として捉えるのではなく、その差異のなかに共通性を把握することが必要ではないでしょうか。

Q10 日本人は、正月には神社にお詣りし、亡くなれば、多くの場合仏式の葬儀をおこないます。日本人の多くは、現在でも二つ、あるいはそれ以上の宗教（信仰）を持っているのでしょうか？　この現象はどのように考えたらいいのでしょうか？

A ご指摘のような現象は、確かにあります。自坊の正泉寺も、境内の続きに鳥出神社があります。この神社は、日本武尊《やまとたけるのみこと》がその地で亡くなり、白鳥になって大和の方に飛んで行ったという伝説のある、古い神社です。

仏教寺院境内に神社がある場合もあります。正月に参拝者で賑わう、豊川稲荷（愛知県豊川市）は曹洞宗寺院（妙厳寺）の境内にあります。愛知県知立市にある知立神社には、仏教を象徴する多宝塔が現在も残っています（明治の廃仏毀釈による多宝塔破壊を民衆はくい止めたのです）。奈良の興福寺も明治までは春日神社と一体でした。このような宗教形態を「神仏習合」といいます。

八世紀ごろから、生産力の飛躍的発展にともなって、権力者・豪族は普遍性の高い思想としての仏教（初期密教）によって原始共同体の名残を持つ神祇信仰を包摂し、それによって巨大な富の私有化を合理化しました。これが「神仏習合」を生み出した社会的・政治的背景であり、このイデオロギーによって、支配体制は強化・安定化することになりました。

世界宗教と呼ばれる、普遍性の高い宗教、キリスト教、イスラーム教が伝播すると、従来から存在していた土着宗教は吸収され、その独自性を失います。日本の土偶と同義の、小アジア起源の豊穣の神は、ヴィーナスとなり、キリスト教の浸透のなかで、マリア信仰となっていきます。日本や東南アジア、東アジアでは仏教と土着信仰の併存が見られます。

仏教では、土着の神々は人びとを仏教へと導く存在、あるいは仏教徒を守る存在として捉えられています。親鸞は、『浄土真実教行証文類（教行信証）』の「化身土文類」、『現世利益和讃』において、そのように神々を捉えています。親鸞は、庶民の生活のなかにある神々を真実の仏法への導き手、守護者と捉えていますが、権力と結びついた神々を厳しく批判しています。親鸞は土着文化にある普遍性を擁護しますが、国家権力イデオロギーとしての神祇思想、それと結合する仏教を厳しく批判します。それは人間の真実への「めざめ」

を否定するからです。神祇不拝・弥陀一仏の思想的根底には、このような背景があります。
地域の精神的結束を促す神祇思想と係る「祭り」は否定されるべきではないのです。しかし、そこに留まることなく、さらに前進するためには、普遍的宗教が必要となります。神祇信仰を国家神道教義へと導くイデオロギーこそが批判されるべきなのです。神々と仏の「併存現象」は日本固有のものではありません。基層信仰としての神祇信仰は存在しますが、普遍性の高い問題解決にはそれに対応できる世界宗教が必要なのです。

Q11

近年、葬式をしない葬送としての「直葬」という言葉が聞かれるようになりました。これは、日本人の宗教離れ、信仰離れによるものなのでしょうか。このような形態の「葬送」が現れてきた理由を教えていただきたいと思います。

Ⓐ 「直葬」（ちょくそう、じきそう）という言葉は、本来仏教に内在する概念語ではありません。現代の葬送にみられる新たな現象をあらわす言葉です。柿田睦夫氏は、「直葬」の増加の現実を次のように述べています。「（大阪市の場合、直葬は）九三年度の二・四％から〇五年度の一四・三％へと急増している。東京二三区内では直葬が三割近くに

なったといわれる」(『宗教と平和』第五〇八号、日本宗教者平和協議会、二〇〇七年三月一〇日)。

柿田氏は「直葬」の急増が二〇〇〇年代になって始まったという事実に注目し、小泉政権以降の「格差と貧困」政策に、その急増の原因があると指摘しています。私も、この指摘に賛成です。信仰心・宗教心が、短期間のうちに消えることはありえません。お葬式をしたくても、将来の生活を考えると、できない人びとが多くなってきているのは事実です。

自坊・正泉寺は、二年間かけて一九九九年に本堂屋根大改修を完了しました。その折には門信徒の皆様から一億二〇〇〇万円を超える懇志をいただきました。しかしながら、二〇一〇年の、親鸞聖人七五〇回遠忌法要にあたっては、懇志をいただいた門信徒数は、一～二割減少しています。この比率は、今日の日本における貧困化率にほぼ一致します。この一～二割の方々は、正泉寺から離脱されることなく、従来通り法要や葬儀式をおこなっておられます。宗教離れは現実に起こっていないのです。しかしながら、日常的に共同体や寺院とのつながりが見られない大都市の住民の場合、経済的理由によって、「直葬」が生まれるのは、不思議なことではありません。

「直葬」増加の直接的原因は、「新自由主義」的政策による経済的理由にありますが、高齢化社会にともなう、かつての職場との繋がりの希薄化、支え合う共同体社会の弱体化、寺院・親戚・知人の繋がりの希薄化などによる、「自己責任」強要の増大も底流に存在しています。逃れることのできない最近の経済的貧困化が、相互の支え合いによって成り立っていた共同体社会や親戚の繋がりの、眼には見えない内部的崩壊を一気に表面化させたのです。私は、「直葬」が現代社会のあるべき姿であるとは思いません。そこには、宗教を超えた、説得力のある道筋が何も見出されないからです。むしろ、人間一人ひとりの尊厳を踏みにじり、人間同士の絆を断ち切る、現代社会の姿の象徴だと思います。

「直葬」は、私たちに宗教とは何か、宗教の意義は何かを突きつけているのです。「直葬」に現れている非人間的現実を変える道筋は、経典に示されています。それを把握する努力が宗教者に求められているのです。その道筋を現代の課題と結びつけて、皆に提示することが求められていると思うのです。その実現のためには、他者との共同が必要になります。社会科学の分析に学びつつ、共同体再生の精神的絆の構築と政治そのものを問う実践を宗教活動のなかに位置づけることが必要なのです。

あとがき

現代の日本において宗教は、日常的に大きな部分を占めてはいない。宗教の存在を意識するのは、葬式や法事の時ぐらいで、普段はあまり意識されることもない。カルト教団や「イスラーム国」などの存在に、人びとは宗教の「不気味さ」を感じることはあっても、それがきっかけとなって、本当の宗教とは何かを考えるようになることは、あまりないであろう。これが脱宗教型の近代「国民国家」のもとで生活する人びとの実感であるといえる。

現代において、本当に宗教は重要な役割を果たせないのであろうか。欧米型の近代社会が形成されるまで、大きな役割を果たしてきた宗教は、本当に突然、その使命を終えたのであろうか。私は、近代社会によって生み出された、構造的な多くの非人間的な現実を克服する重要な手立てが、宗教には存在すると確信している。宗教は、よりよき未来の実現と主体的な生き方の選択、人類の共生を考えるうえで、今日においても大きな意味を持つものであり、宗教と社会の関係史が提起する諸課題を把握して、精神的・社会的解放を目指す多種多様な実践活動をおこなうことが僧侶に求められていると思う。これらの活動を通じて、自らの品格が形成されるのである。

近代・現代の歴史に眼を向けてみると、世界中がかならずしも、「脱宗教」ではないことが分かる。第二次世界大戦以後における途上国世界の解放闘争においては、植民地主義・新植民地主義、それと一体化した国内の支配者たちと闘うために、民族主義・社会主義思想をイデオロギー的武器として用いる傾向が強くみられ、宗教は中心的位置を占めることはなかった。しかしながら、一九七〇年代に入ると、過去の成果を批判的に受け継ぎつつ、解放闘争において宗教が重要な役割をはたすようになってきたのである。

一九七〇年代初期には、南アフリカ、中東のイラン、ラテンアメリカなどの「第三世界」において宗教は、現実変革において大きな役割を果たした。南アフリカでは、スティーブ・ビコは黒人意識運動を提起し、それは一九七六年のソウェト蜂起にいたる反アパルトヘイト闘争へと発展したが、その精神的基軸の一つになったのがキリスト教であった。このようなキリスト教理解は一九八〇年代に国民の間に大きく広がり、無血革命によるアパルトヘイト体制の廃棄の運動を精神的に支えた。イランでは、イスラーム復興運動が起こり、一九七九年にはイラン・イスラーム革命が起こった。ラテンアメリカでは、解放の神学は社会政治変革に大きな役割を果たした。インド北部においても、一九七三年には非暴力を掲げた「森林伐採反対運動」に見られるように、ヒンドゥー教は環境保護運動において大きな役割を果たしている。

これらは現実変革には、土着文化としての宗教が主体的に現代の課題と結びついて捉えられたとき、大きな力を発揮することを示している。日本の場合においても、反原発・反靖国運動においても、同様のことがいえる。これらはいずれも、西洋型の近代化は人間を解放する普遍的な唯一の基準ではないことを明らかにしたのである。

これらのことがらには、社会政治に対して宗教は無批判に従属するものではなく、精神的解放は社会政治的解放と結合したものであるという立場が共通に見られる。このような立場に立つためには、主体の確立と連帯、地域共同体の再生、世俗権力の相対化、ものごとの非分離性・相互関係性の視点が必要である。

日本においては、平安末期から鎌倉期に生まれた「鎌倉新仏教」の開祖たちは、「末法・五濁」の社会に向き合うことによって、自立・連帯と世俗権力相対化の視点を得ることができた。今日の社会・政治情勢を見ると、新自由主義が世界を席巻し、弱者が容赦なく切り捨てられ、それに対する抵抗も容赦なく粉砕される、まさに「末法・五濁」の世であること、またその現実が地球的規模にまで広がっていることを実感せざるを得ない。現代は、まさに末法の新たな深まりの時代であると言えるかもしれない。

「末法」の世においては、釈尊の説いた「教え」しか残されておらず、その「教え」のなかに現代の課題解決の道を見つけ出さねばならない。それをおこなうことを課せられたのが、民衆のなかにくらす僧侶、「名ばかりの僧侶」である。そのような僧侶は、現実の課題、民衆の苦悩を最もよく知る立場にいるため、現実を乗り越えるための「教えの現代化」を語ることが可能である。それゆえ、「名ばかりの僧侶」が「宝」となると言われるのである。

一九七〇年代以降の現実変革における途上国世界の自覚的宗教者の役割は、「名ばかりの僧侶」の現代版としての活動を象徴しているように思われる。

現代の日本仏教は、基本的に宗派にかかわりなく、「世俗化」の傾向が強い。それは非難されるべきことではなく、釈尊の教えの現代化に有利な立場にいるということである。この有利な条件を生かして、僧侶は社会科学、国際政治論、イスラーム文化などの地域文化、宗教間対話などから学びつつ、信者・門信徒との交流のなかで、市民的生活のなかで、自己の信仰と教理論を再検討することが必要である。その必要性を迫るのは、諸仏としての民衆である。われわれ僧侶は、自己とは異なった「他者」としての諸仏の声、すなわち、世界や日本における無数の苦悩する人びとの声に、「仏の励ましの声」「これでいいのかと迫る声」を聞き、勇気づけられて、真実の人間への道を、人びとの救済への道を歩むことができるのである。そのような道を歩む僧侶には、おのずから「坊主の品格」が漂ってくるのである。

本書を書く縁を与えていただいたのは、本の泉社・社長の比留川　洋氏である。厳しい出版情勢のなかで、本書を出版していただいた比留川氏と、私の身勝手な要望を聞き入れていただき、立派な書物にしていただいた編集部の田近裕之氏に深謝申し上げる次第である。また、浄土真宗の現代的意義について、多くのことを学ばせていただいている山崎龍明師からは、身にあまる推薦文をいただいた。深く感謝申し上げたい。本書は、つれあいの北島祥子（正泉寺前坊守）をはじめ、門徒の皆さん、多くの友人たちとの対話のなかから生まれたものである。そのような対話に基づいて、親鸞がもし現代に生きていたなら、何を語るのかを基軸にして本書を書きあげた。親鸞について、真宗僧侶の生き方についてては、今まで信楽峻麿先生から多くのことを学ばせていただいた。その先生も昨年、浄土往生を遂げられた。先生の示された方向性にそって残りの人生を歩んでいきたいと思う。

最後に、私を浄土真宗の本物の「坊主」となるべく、つねに、暖かく育てていただいた、実父・北條了典師（浄土真宗本願寺派円勝寺第一三世住職）、義父・北島慶喜師（真宗高田派正泉寺第二二世住職）の恩徳に娑婆世界より深謝申し上げ、この書を捧げたい。

●著者紹介

北島 義信（きたじま・ぎしん）

1944年、三重県四日市市の浄土真宗本願寺派円勝寺に生まれる。

1967年、大阪外国語大学インド語学科ヒンディー語学専攻（現・大阪大学外国語学部）卒業。

1969年、大阪市立大学文学部文学科哲学専攻卒業。

1972年、大阪市立大学大学院文学研究科哲学専攻修士課程修了。

暁学園短期大学教授、四日市大学環境情報学部教授を経て、現在、四日市大学名誉教授。真宗高田派正泉寺前住職。黒人研究の会前代表。地域文化学会理事。正泉寺国際宗教文化研究所長。専門は、英語圏文学・比較文化論（主としてアフリカ・インド）、宗教社会論。

主な業績――『世界の黒人文学――アフリカ・カリブ・アメリカ』（共編著、鷹書房・弓プレス、2000年）、『親鸞復興』（同時代社、2004年）、『現代インド英語小説の世界』（共著、鳳出版、2011年）、「アリー・シャリーアティーとスティーブ・ビコ――その思想的共通性」（『地域文化研究』11号、地域文化学会、2008年）、訳書として、ティム・ジェンキン『脱獄』（同時代社、1999年）、グギ・ワ・ジオンゴ『川をはさみて』（門土社、2002年）、マーティン・バナール『ブラック・アテナ』（共訳、新評論、2007年）、マンドラ・ランガ「裸の歌」（『季論21』第2号、2008年）、チャールズ・ヴィラ・ヴィセンシオ『南アフリカの指導者、宗教と政治を語る――自由の精神、希望をひらく』（監訳、本の泉社、2012年）。「日本仏教の平和実現運動：浄土真宗の反原発と反靖国運動を中心に」（『統一と平和』5巻2号、2013年、国立ソウル大学統一平和研究院）、「親鸞における世界認識と現代」（『地域文化研究』16号、地域文化学会、2015年）。

坊主《ぼうず》の品格《ひんかく》 ――互《たが》いが師《し》となりて――

2015年10月21日　初版　第1刷　発行

著　者　北島《きたじま》　義信《ぎしん》
発行者　比留川　洋　／　発行所　株式会社　本の泉社
〒113-0033　東京都文京区本郷2-25-6
電話 03-5800-8494　FAX 03-5800-5353　http://www.honnoizumi.co.jp/
DTP デザイン：田近裕之
印刷　新日本印刷株式会社　／　製本　株式会社　村上製本所

ISBN978-4-7807-1229-2　C0015